현역코치들이 쓴 코칭이야기

코치와 산책하기

김강산 김기홍 김상만 오지연 윤상철
이미경 이승한 정호연 차운정 최은주

■ 추천사

　인공지능과 기술의 급속한 발전이 산업과 직업의 풍경을 변화시키고 있는 현대 사회에서, 소프트 스킬(soft skill)의 중요성은 더욱 부각되고 있습니다. AI 시대에 필수적인 소프트 스킬로는 의사소통, 감정 지능, 협업, 창의성, 문제 해결 등이 포함됩니다. 이러한 기술들은 기계가 쉽게 대체할 수 없는 인간만의 고유한 능력을 대변하며, 개인과 조직이 미래의 도전에 효과적으로 대응할 수 있게 해줍니다. 코칭은 이러한 소프트 스킬을 개발하고 강화하는 데 중요한 역할을 합니다.

　<코치와 산책하기>는 이러한 변화의 중심에서 우리 모두에게 필요한 소프트 스킬로서의 코칭이 가지고 있는 실제적이고 깊이 있는 면모를 탐구하는 데 중점을 둔 책입니다. 다양한 분야의 전문가들이 자신의 경험과 통찰을 공유하면서, 코칭이 개인의 성장, 조직의 발전, 그리고 사회의 진전에 어떻게 기여할 수 있는지를 보여줍니다.

이 책의 저자들은 국제기구의 지역 책임자부터 어린이 교육 전문가에 이르기까지, 각자의 전문 분야에서 탁월한 성과를 이루어낸 인물들입니다. 그들의 이야기는 코칭이 단순히 문제 해결의 수단을 넘어서, 깊은 자기 이해와 타인과의 소통을 통해 더 나은 미래를 설계할 수 있는 힘을 제공한다는 점을 강조합니다. 실제로, 이 책은 코칭이 개인의 삶에서 큰 변화를 일으킬 수 있는 구체적인 사례와 방법을 제공함으로써, 독자들에게 새로운 관점을 열어줍니다.

이미 한국사회에서 코칭은 스포츠 영역이나 비즈니스 영역에만 국한된 서비스가 아닙니다. 일상생활에서 우리 모두에게 코칭적인 접근의 필요성과 효용성은 날로 증가하고 있습니다. 빠르게 변화하는 사회와 경제 환경 속에서, 개인과 조직은 새로운 도전에 효과적으로 대응하기 위해 지속적인 학습과 자기 계발이 필요합니다. 〈코치와 산책하기〉는 이러한 요구에 부응하는 실질적인 가이드를 제공하며, 모든 독자가 자신만의 삶을 설계하고, 그 과정에서 진정한 인간됨의 의미와 목적을 발견할 수 있도록 도울 것입니다.

앞으로 미래사회를 향한 여정에서 코칭은 더더욱 중요한 역할을 하게 될 것입니다. 이 책은 그 여정의 첫걸음을 내딛는 모든 이들에게 꼭 필요한 지침서가 될 것입니다. 여러분이 전문 코칭 서비스를 원하고 있든, 자기 계발에 관심이 있든, 혹은 조직의 리더로서 팀을 이끌어야 하는 입장이든,

이 책은 여러분과 여러분의 팀에게 실질적인 도움을 줄 것입니다. 〈코치와 산책하기〉를 통해 여러분의 삶과 커리어에 긍정적인 변화를 불러오는 힘을 발견하시기 바랍니다.

특히, 이 책은 자칫 인간됨의 의미를 상실하기 쉬운 AI 시대를 살아가야 할 우리 모두에게, 인간의 잠재력을 최대로 발휘하고 진정한 의미에서의 성장을 추구하도록 영감을 주는 중요한 도구가 되리라고 믿습니다. 소프트 스킬의 중요성을 재확인하고, 이를 체계적으로 개발할 수 있는 코칭의 가치를 이해하는 데 있어 이 책이 큰 도움이 될 것이라 확신하면서 강력하게 추천의 말씀을 드립니다.

권수영 (연세대학교 연합신학대학원 상담코칭학 주임교수)

■ 추천사

"코치와 산책하기"라는 공동 저술 책에 대한 추천사를 쓰게 되어 매우 기쁩니다.

이 책은 여러 분야의 전문가들이 자신의 삶과 경험을 공유하면서, 실제 코칭의 현장에서 얻은 깊은 통찰과 지혜를 독자들과 나누는 공간입니다. 존경받는 목회자, 전문 상담사, 전문 코치, 선교사, 어린이 교육 전문가, 의료 전문가, 교수, 국제기구의 지역 책임자 등 각각의 저자가 그들의 전문성과 인생 경험을 통해 얻은 교훈을 솔직하고 진솔하게 담아냈습니다.

10명의 공동 저자들의 "코치와 산책하기"에서 저자들의 삶의 경험을 깊이 존중하며, 그들이 직면했던 도전과 그 속에서 발견한 해답들을 통해 독자들에게 실질적인 가치를 전달하고자 합니다. 각 장에서는 개인의 내면적 성장뿐만 아니라, 사회적 상호작용과 전문적 발전을 위한 구체적인 전략이 제시됩니다.

이 책의 중요한 메시지 중 하나는 코칭 기술의 발전이 신념보다는 가치에 기초해야 한다는 것입니다. 코치로서 우리는 자신과 타인의 삶에서 가치를 발견하고, 그 가치를 실현하는 데 필요한 지원을 제공함으로써, 모두가 더 나은 삶을 살 수 있도록 도와야 합니다. 이러한 가치 중심의 접근방식은 코치와 고객이 서로 신뢰를 기반으로 긴밀한 관계를 형성하고, 지속적인 발전을 추구할 수 있는 토대를 마련해 줍니다.

또한, 코치로서의 우리의 여정은 결코 멈추지 않습니다. 우리는 끊임없이 배우고, 성장하며, 자신의 한계를 넘어서야 합니다. 이 책의 저자들도 자신들의 전문 영역에서 끊임없이 노력하고 도전하는 과정 속에서 얻은 깊은 통찰을 공유함으로써, 독자들이 각자의 코칭 여정에서도 이와 같은 자세를 견지할 수 있도록 독려합니다.

"코치와 산책하기"를 통해 독자 여러분은 다양한 전문 분야의 저자들과의 깊은 대화를 통해 삶의 여러 영역에서 실질적인 변화를 이끌어낼 수 있는 구체적이고 실용적인 조언을 얻게 될 것입니다. 이 책은 단순히 지식을 전달하는 것을 넘어서, 독자들이 자신의 삶 속에서 직면한 문제를 해결하고, 개인적이며 전문적인 성장을 이루는 데 실질적인 도움을 줄 것입니다. 저는 이 책이 모든 독자들에게 긍정적인 영향을 미치고, 새로운 가능성을 발견하는 데 큰 도움이 될 것이라 확신합니다. 여러분의 삶에서 이 책이 빛나는 안내자가 되기를 바랍니다.

우수명 (아시아코치센터 대표 MCC)

■추천사

저는 기업에서 CEO를 경험한 사람으로서 코치와 코칭의 유용성을 누구보다 더 절실하게 체험했습니다. "코치와 산책하기"라는 책에 대해 추천하는 말씀을 드리게 되어 기쁩니다. 이 책은 국제기구의 지역 책임자, 목회자, 대학 교수, 의료 전문가, 코칭협회의 리더, 어린이 교육 전문가, 전문 상담사 등 다양한 분야의 전문가들이 저자로 참여하여 집필한 작품입니다. 각 저자들은 자신의 분야에서 수년간 축적한 경험과 지식을 바탕으로 깊이 있는 통찰을 공유합니다.

코치와 산책하기는 각 저자의 개인적인 경험을 중심으로 구성되어 있으며, 이러한 경험들이 어떻게 각자의 전문 분야에서 실질적인 가치를 창출하고 있는지를 보여줍니다. 저자들은 자신들의 실제 삶에서 얻은 교훈을 통해 독자들이 자신의 잠재력을 발견하고, 이를 실현하는 데 필요한 지원을 제공합니다.

이 책은 단순한 이론의 나열이 아닌, 각 저자가 직면한 도전과 그들이 찾아낸 해결책을 통해 귀중한 교훈을 전달합니다. 예를 들어, 국제기구의 지역 책임자는 다문화 환경에서의 커뮤니케이션 기술을, 목회자는 공동체 내에서의 갈등 해결 전략을, 대학 교수는 지식 전달과 학습 촉진에 관한 효과적인 방법을 공유합니다. 의료 전문가와 어린이 교육 전문가는 각각 그들의 분야에서 경험한 실제 사례를 통해 중요한 인사이트를 제공하며, 코칭협회의 리더와 전문 상담사는 개인의 내면적 성장을 돕는 심층적인 접근 방법을 설명합니다.

"코치와 산책하기"는 이렇게 다양한 분야의 전문가들이 실제 경험을 바탕으로 쓴 책입니다. 이 책을 통해서 독자들에게 자신과 타인을 이해하는 데 도움을 주며, 각자의 역할에서 더 나은 성과를 내고, 인간관계를 향상시킬 수 있는 구체적인 방법을 제시합니다.
마음에 드는 장을 골라서 읽어보는 재미도 있을 것입니다.
저는 "코치와 산책하기"가 각자의 분야에서 전문성을 높이고자 하는 모든 이들에게 큰 도움이 될 것이라 확신합니다. 실제 사례를 바탕으로 한 이 책의 통찰과 교훈은 독자들이 자신의 직업적, 개인적 삶을 풍부하게 만드는 데 이바지할 것입니다.
여러분의 여정에 있어 이 산책길이 의미가 있는 시간이 되길 바랍니다.

배재훈 (사단법인 한국코치협회(KCA) 수석부회장)

■ 추천사

어떤 책을 읽어야할까? 무슨 책을 읽어야할까? 바쁜 일상을 보내며 제한된 시간 속에 삶을 꾸려가는 우리들에게 언제나 솟아나는 질문입니다.

저는 목회자요 코치로서 담대하게 이 책을 여러분에게 추천합니다.
"코치와 산책하기"는 코칭에 대한 단순한 이론서가 아닙니다. 이 책은 당신의 마음속에 새로운 정보와 신념을 덧보태거나, 어떤 것을 당신에게 확신시키기 위한 것이 아니라, 여러 코치들이 코칭을 배우면서 그리고 가르치면서 그리고 코치로서 삶을 살면서 경험했던 삶의 고민과 고뇌가 깊숙이 묻어나는 솔직하고 담백한 책입니다.

이 책을 읽어가노라면 거울을 보고 자신의 얼굴을 살피듯이 자신의 내면을 성찰하게 될 것입니다. 그리고 자기도 모르는 사이에 아하를 외치며 무릎을 치기도 하고 손을 가슴에 얹기도 하고 입으로 따라 외치기도 할 것입니다. 그리고 어느 순간 자신의 의식이 확장되고 이전과 다른 의식으로 전환되어 있는 자신을 경험하게 될 것입니다.

그리고 더 놀라운 것은 어느 순간 내가 누구인지 깨닫게 되고 까맣게 잊고 살아왔던 자신의 사명이 무엇인지 발견하게 되고, 두 주먹을 불끈 쥐고 다짐하고 있는 자신을 발견하게 될 것입니다. 이것이 제가 이 책을 읽으며 경험한 것입니다.

그 외에도 이 책을 읽는 도중 어떤 사람들은 불투명한 미래에 대한 두려움으로부터 자유함을 얻었을 것이고 또 어떤 사람들은 인생의 여정에서 숨어있던 길을 발견하는 나침반이 되어 줄 것입니다. 또 어떤 독자들에게는 예비 된 목적지를 찾아 더욱 풍요로운 삶을 디자인하게 될 것이고 또 어떤 사람들은 이전에 경험한 적이 없는 내면의 고요함과 평화로움을 경험할 것입니다. 바라기는 여러분 자신이 먼저 이 "코치와 산책하기"를 읽고 더 많은 사람들에게 추천할 수 있기를 바랍니다.

이전호 (충신교회 담임목사, PCC)

■ Prologue

"코치와 산책하기, 새로운 여정을 시작하면서"

　이 책의 목차를 보면 어떤 것을 먼저 읽을까? 잠시 호기심이 들 것입니다.

　당신의 마음이 이끄는 대로 읽으십시오. 여기, '코치와 산책하기' 라는 여정에서 당신은 특별한 동반자들과 함께할 것입니다. 이들은 국제기구의 지역 책임자, 선교사, 목회자, 대학 교수, 의료 전문가, 코칭협회의 리더, 어린이 교육 전문가, 그리고 전문 상담사 등 다양한 분야의 전문가들입니다. 이 책은 각자의 삶 속에서 발견한 귀중한 교훈과 코칭의 실제를 당신에게 전달하려 합니다.

　당신이 좋아하는 카페에 앉아 커피 한 잔의 향기를 맡으며 이 책을 펼쳐보세요. 커피의 그윽한 향기처럼, 이 책의 페이지에서 느껴지는 각 코치의 영혼과 경험이 당신을 감싸 안을 것입니다. 책장을 넘길 때마다, 마치 그들과 함께 조용한 산책을 하는 듯한 느낌을 경험하게 될 것입니다.

칼 융의 심리학 이론에 따르면, 개인의 성장과 변화는 내면의 깊은 이해에서 시작됩니다. 융은 "내면의 자아를 만나는 것은 우리의 가장 큰 과제이며, 그것은 우리가 진정으로 변화할 수 있는 유일한 방법이다"라고 말했습니다. 이 책의 각 코치들은 그들의 코칭 경험을 통해, 이러한 내면의 만남을 촉진하는 방법들을 탐구하고 있습니다.

성경에서 예수님은 많은 질문을 통해 사람들을 깊은 성찰로 이끌었습니다. 예를 들어, 그는 제자들에게 "너희는 나를 누구라 하느냐?"라고 물으셨습니다 (마태복음 16:15). 이 질문은 제자들로 하여금 자신들의 믿음과 그들이 따르고 있는 사명에 대해 깊이 생각해 보도록 도전했습니다. 이 책 속의 코치들도 이와 유사한 질문을 통해 당신의 삶과 가치, 목표에 대해 심층적으로 탐구하도록 이끌 것입니다.

당신이 이 책의 장을 넘길 때마다, 각 코치의 이야기는 독립적인 생생한 경험의 세계로 당신을 초대합니다. 그들의 경험과 통찰은 당신에게 새로운 관점을 제공하고, 개인적인 성장과 전문적인 발전을 위한 도전을 제시할 것입니다. 이 책은 당신이 코칭이라는 도구를 통해 자신과 타인의 삶을 어떻게 향상시킬 수 있는지에 대한 실질적인 방법과 교훈을 담고 있습니다.

당신의 삶에서 일어날 변화를 위한 첫걸음을 이 책과 함께 시작하십시오.

각 페이지는 당신에게 새로운 통찰과 깊은 이해를 제공할 것입니다. 그리고 그 과정에서 당신은 자신의 삶을 더욱 의미 있고 풍요롭게 만들 수 있는 방법을 발견할 것입니다. 이 특별한 산책을 시작하는 당신에게 진심으로 축하를 보내며, 이 새로운 여정이 당신에게 가치 있는 경험이 되기를 바랍니다. 당신의 내면의 목소리에 귀 기울이면서 이 여정을 즐기십시오.

2024년 6월

저자 일동

목차

추천사 1   2
권수영 교수 (연세대학교 연합신학대학원 상담코칭학 주임)

추천사 2   5
우수명 코치 (아시아코치센터 대표 MCC, KSC)

추천사 3   7
배재훈 코치 ((사) 한국코치협회 수석부회장)

추천사 4   9
이전호 코치 (충신교회 담임목사, PCC)

Prologue   11
저자 일동

행복한 코치가 되는 방법 찾기	김강산	16
해외 목회와 선교에 빛을 얻은 코칭	김기홍	38
코칭, 온전한 성장을 위한 안내자	김상만	50
존재가치를 찾은 삶은 행복입니다	오지연	64
코칭에 대한 나의 사랑	윤상철	88
셀프 코칭으로 만나는 5R 대화법	이미경	106
코치가 없는 세상을 꿈꾸는 코치입니다	이승한	132
진정한 나와 마주하는 시간	정호연	160
일상의 꽃피움, 도파민리모델링코칭	차운정	178
공익코칭 대화모델 '로열(R.O.Y.A.L)'	최은주	208
Epilogue	저자 일동	222

행복한 코치가 되는
방법 찾기

김강산 박사(Ph.D)

김강산 코치는 연세대학교에서 신학석사 및 상담코칭학 박사(Ph.D)학위를 받았다.
국제 OM 선교사, 국제기아대책기구 아프가니스탄 지부장, 한민족복지재단 태국, 미얀마,
라오스 겸임지부장 경력이 있고, 호주 애보리진 원주민 선교사로 활동 중이다.
한국코치협회 정회원 KPC이며 아시아코치센터 오세아니아 본부장겸 코칭리더십 강사,
한국기독교코칭학회 오세아니아 본부장 겸 국제기구협력위원장,
호주기독대학교 상담코칭학 교수로 재임중이다.
저서로는 「크리스천코칭패스파인더, 2023, 아가페 출판사, 서울」이 있다.
E _ goodsky57@naver.com

야간 운행

깊은 밤 혼자

블루마운틴을 넘어

대륙을 가로지르는 것은

깊은 심연의 우주를 날아가는 유성이다.

한밤중에 인적 없는 야생의 내륙에서

강물처럼 흐르는 은하수를 보았는가?

익숙한 고독은 가야 할 목표 때문에 극복되고

간혹 지나치는 타 행성의 중력 때문에 흔들려도

속도를 잃지 않고 나아가야 살 수 있는 것~

두려움이 쌓일 때는 앞서가는 지혜로운 별을 따라가기

수십억 년의 세월에 비교하면, 하나의 빗금 같은 찰나일 뿐

그 순간에도 아름다운 빛과 온기를 어두운 밤하늘에 뿌리며

새벽이 다가오고 야간 운행이 마칠 때쯤

더욱 정신을 차리고 속도를 유지하여

짧은 생애에 의미 있는 기억 하나로 남기를 ~

2022. 11. 12

호주 블루마운틴을 지나서 내륙 선교지에 야간 운행 일곱 시간을 하고 나서

1. 가장 좋은 코칭과 상담의 도구는 무엇인가요?

1) 코칭의 도구는 순수한 어린아이 같은 마음이다.

"가장 좋은 코칭과 상담의 도구는 무엇인가요?" 이 질문에 필자는 "코치와 상담사의 마음이다."라고 대답을 할 수 있다. "어떤 마음일까요?" 어린아이와 같은 순수한 마음이다. 필자가 1998년 중국 북경에 살 때 일이다. 왕징신청이라는 대규모 아파트 단지로 지금은 한인타운으로 자리를 잡고 있다. 3명의 어린 아들과 함께 근처에 교회에 크리스마스 이브 행사에 참여하였다. 간단한 연극과 여러 가지 어린이들이 좋아하는 프로그램을 보고 있는데 갑자기 다섯 살 난 첫째 아들이 빨리 집에 가자고 졸랐다. 목사의 딸인 아내는 그의 신앙을 통해서 신비로운 현상을 잘 수용하는 편이다. 아내가 나에게 "이 아들이 이렇게 보채니 집에 가보는 것이 좋겠다."라고 말하였다. 나는 조금만 기다렸으면 아이들 선물을 받을 수 있었을 것에 아쉬워하며 아내 말대로 택시를 타고 돌아왔다. 아파트 현관문을 열면서 깜짝 놀랐다. 집안에 연기가 꽉 차 있었기 때문이다. 부엌을 보니 올려놓은 냄비가 빨갛게 달아있었다. '아뿔싸!' 무언가 가스 오븐 위에 올려놓고 급한 마음에 가스 불을 끄지 않고 교회로 가버린 것이다. 조금만 더 늦었으면 소방시설이 되어있지 않은 북경 코리아타운에 대규모 불이 났을 것이다. 어떻게 하여 어린 아들이 빨리 집에 가자고 보챘는지 그 마음 센서나 메커니즘은 아직 체계적으로 연구하지 않았다. 그러나 이와 비슷한 경험은 필자도 있고 자녀들에게도 종종 나타난다.

어린아이들은 도화지와 같고 막히지 않은 파이프와 같아서 하나님의 마음과 잘 연결될 것으로 경험을 통해서 알았다. 성경 마태복음 18장 3절에서도 "가라사대 진실로 너희에게 이르노니 너희가 돌이켜 어린아이들과 같이 되지 아니하면 결단코 천국에 들어가지 못하리라"라고 기록이 되어져 있다.

어린아이의 마음은 깨끗한 거울 같아서 상대방의 감정을 잘못 해석하지 않고 느낌 그대로 받아들이고 반영하기 때문이다. 상담을 요청하는 내담자가 코치나 상담사를 만나서 자기 자신의 상태를 발견하고 정확히 파악만 잘해도 그 코칭은 거의 성공했다고 볼 수가 있다. 왜냐하면 모든 인간은 하나님이 만든 원초적인 모습으로 돌아가려는 회귀성이 본능처럼 내재가 되어있기 때문이다.

그러므로 코치나 상담사는 지식과 코칭 도구를 공부하는 일 못지않게 자기 자신의 마음을 성찰하는데 쉬지 말아야 한다. 이것을 종교적으로 기독교에서는 회개로 표현하는데 죄스런 생활 태도에서 탈피하여 하느님께 귀의하는 일을 말한다. 옛날에 저지른 잘못을 뉘우친 사람이, 그 잘못을 고치고 되풀이하지 않으려 노력하는 태도를 갖추는 것을 가리키는 말이다. 불교에서는 참선(參禪) 즉, 선에 들어간다는 뜻으로, 깨달음을 얻기 위해 자기의 본래면목을 참구하는 불교수행법. 참선(參禪)과 선(禪)은 거의 동일한 의미로 사용된다.

필자는 한 걸음 더 나아가서 마음을 유리창이나 거울에 비유한다면 지나가는 깨끗한 수건으로 흠과 티가 없도록 닦아내기를 거의 매일 해야 한다는 뜻이다.

왜 어린아이와 같이 순수한 마음이 오염이 될까? 그것은 각자 개인에 따라 조금씩 달라서 스스로 자신을 아프게 성찰해 보아야 한다. 아프게 성찰해야 한다는 의미는 오랜 동안 묵혀둔 병증을 치료할 때처럼 마음 상처의 딱지도 아픔을 동반한다는 의미이다. 일반적으로 마음을 오염시키는 원인은 무엇일까? 첫째는 어떤 어른들이 가르치는 경쟁심, 둘째는 크게 많이 가지려는 욕심(자기가 감당 못 할 벅찬 경제적 부담감은 대개 욕심에서 비롯된다) 셋째는 정상적이지 않은 욕망에서 비롯된다고 보여진다. 언급한 세 가지 원인이 개인적인 범주의 원인이라면 이러한 원인이 대외적으로 확장되어 나타나는 현상을 집단트라우마로 말 할 수 있다. 전쟁과 재난을 통해서 많은 인구에게 마음과 물질적 그리고 환경 파괴와 같은 엄청난 규모의 상처 행위가 바로 그것이다. 같은 민족이라 할지라도 외부 세력에 의하여 전쟁을 겪은 나라 사람들은 철학적 사고를 통한 닦아내기를 하지 않으면 거의 100여 년 동안은 상대방을 무조건 적대시한다. 그만큼 사람은 유기적인 존재여서 외부 환경에 영향을 받는다. 그런 의미에서 건강한 어린아이의 마음을 닮아가는 것은, 천국 가기 전에 아주 소중하며 커다란 축복이다.

2) 건강한 코치와 상담사가 되기 위하여 "쉼"은 좋은 치료의 도구이다.

사람은 영, 혼(마음), 육체가 건강해야 행복할 수 있다. 코치가 행복해야 다른 사람을 행복하게 할 수가 있다. 그러므로 환경적으로나 개인적으로 스트레스가 있거나 불안정한 사람은 반드시 휴식을 통하여 영혼과 육체가 다시 건강해지도록 노력해야 한다. 마치 운동선수가 시합하기 전에 컨디션을 조절하는 것처럼 말이다. 그 컨디션 조절 방법에는 명상(기도)과 수면, 영양, 주변 정리 등등 여러 가지가 있을 수 있다. 그러므로 코치는 코칭을 하면서도 자기 스스로도 다른 코치에게 코칭을 받아야 하고, 상담사도 마찬가지이다.
코칭이나 상담 센터를 만들어 놓고 그것을 운영하기 위하여 휴식할 시간이 없고 마음고생이 심하다면 이는 다시 한번 생각해 볼 일이다.

필자도 오래전에 싱가포르 정부로부터 선교사 비자를 받고 방이 8개나 되는 선교센터를 운영하다가 본질적인 선교사역에 더 집중하기 위하여 월세가 들어가는 그 센터를 과감히 없애 버렸다. '센터가 당신 주인인가? 당신이 센터의 주인인가?' 자문하여 보기를 바라고 당신이 코치라면 사람을 살리는 코칭의 일에 다른 것이 방해가 된다면 다시 생각해 볼 일이다. 예수님께서는 성전의 주인이시지만 과감하게 성전 휘장을 찢으시고 광야나 가난한 자들의 집에 머무는 것을 아주 자연스럽게 행하셨다. 이 메시지에 영감을 받기를 바란다. 숫자를 헤아릴 수도 없는 코치 센터 중의 하나를 가졌다고 그것을 더 가치 있게 보는 시대는 지났다. 대형상점이나 백화점들도 서서히 사라지거나 축소되고 온라인과 인터넷 네트워크 매출이 점점 더 가파르게 올라가는 시대이다.

휴식(쉼)은 우리의 영혼과 육체를 더 건강하게 만드는 필수요소이다. 우리들의 대화에 누군가와 경쟁하는 단어가 들어가 있다면 이는 다시 성찰해 보아야 한다. 그렇게 앞으로 뛰어가는 사람들이 많다면 뒤를 돌아서 좁은 길로 서서히 걸어가도 당신은 편안하게 경쟁 없이 여유로운 삶을 살 수가 있다. 당신이 행복의 주인이 되어야 한다.

2. 잘못된 신념이 자신을 울타리 안에 갇히게 만든다.

1) 정치적 신념의 울타리에 갇혀서 사는 인생

　시드니 바닷가 작은 마을에 서울 명문대 나온 노부부가 살고 있다.
부인이 병환으로 은퇴한 남편 G씨는 아내가 잠들거나 시간이 생기면 바닷가에서 낚시하는 것이 취미이다. 이 부부에게는 특이하고 고독한 인생관이 있다. 그것은 다름이 아니라 장성한 아들과 딸의 관심과 보살핌이 필요한 나이이고 건강 상태도 힘든데 두 자녀와 왕래를 끊어버리고 교류가 없이 고독하게 살아간다는 것이다.

이유를 알고 보니 두 자녀와 정치적 견해가 확연하게 다르다는 것이다 즉, 아버지인 G씨는 극단적 보수주의 사상을 가졌는데 아들은 김대중 전 대통령을 좋아한다고 관계를 끊었고, 딸은 노무현 전 대통령을 좋아한다고 관계를 멀리했다고 했다.

G씨가 한국군 ROTC 복무 때 초급장교 시절 대간첩 소탕 작전에 참여하여 고생도 하고 주변에서 희생된 사람도 보았기 때문에 북한에 유화적인 평화 정책을 하였던 두 전직 대통령을 싫어하고 그들의 사상을 지지하는 두 자녀와 관계를 단절하고 외롭게 살아간다는 것이다. 그래도 이 정도인 것은 아마도 마음의 상처가 남을 정도의 심각한 언쟁이 있었을 것이라고 짐작한다. 나는 정치적으로 어느 한 편을 지지하고자 이 사례를 가져온 것이 아니다. 자기 유전자를 이어받고 자기에게서 양육 받은 자녀일지라도 시대적인 환경이 다르면 서로 다른 신념으로 인한 갈등을 겪게 되는 사례가 종종 주변에서 발견된다. 자신이 옳다고 믿는 자기 신념이 확실하게 자리를 잡았지만, 그 신념이 자기의 울타리가 되어 타인과의 관계를 확장하지도 못하고 주변 관계자들도 울타리 안으로 들어오는 것을 그 신념이 막아버리는 현상을 설명하기 위한 것이다.

트라우마(상처)가 없는 사람은 없다, 그러나 자기의 트라우마에 지배를 받으면서 살아서는 안 된다. 그래서 우리는 수시로 자기 성찰을 하면서 살아야 한다. 아무에게도 조언받지 못하는 사람은 이미 성장을 멈춘 사람이다. 그래서 우리는 몇 사람의 멘토가 필요하다.

2) 전통이나 문화적 신념이 과학을 밀어낸다.

37년 선교사로서 태국에는 5년 정도 살았다. 동남아시아 어느 나라나 그러하듯이 태국에도 중국인들이 자리를 잘 잡고 살고 있다. 태국은 열대

지방이라서 그런지 북향 아파트가 비싸고 시원하다.

남향은 그렇지 않아도 더운데 강렬한 태양을 종일 받으니 그야말로 한증막과 같은 집안에 온종일 에어컨을 돌려야 한다. 그런데도 부자 중국인들이 단독주택을 지을 때 남향을 향하여 짓는다. 왜 그럴까요? 그들의 조상이 중국에서 살 때 대대로 남향집이 좋다는 신념이 그 자손들에게 영향을 미쳤기 때문이다. 머릿속에 박힌 관습적 신념은 자신과 자녀들, 그리고 주변 사람들에게 두고두고 영향을 미친다. 코로나바이러스가 심각할 때 어떤 교회 지도자가 교인들에게 소금물을 입안에 뿌려주고 교인들에게 모이라고 하여 수십 명이 감염된 사례가 있었다. 소금물로 소독을 하면 효과를 볼 것이라는 비과학적인 관습과 태도가 낳은 결과로 사회적 이슈가 되기도 했다. 그러므로 과학을 무시하는 종교적인 신념은 미신과 비슷하다. 과학은 하나님이 만든 자연 섭리이다. 자기 욕심이 하나님의 창조 원리를 가린 것이 아닌지 잘 성찰해야 한다.

3) 자기 성찰이 없는 종교적 신념이 하나님을 배신하게 한다.

"예수님을 십자가에 못 박히게 한 사람들이 누구인가요?" 여호와 하나님을 가장 잘 섬긴다는 극렬 바리새인과 서기관, 하나님께 제사를 지내는 대제사장들과 그를 따르는 무리가 하나님의 아들 예수님을 처형했다.

"오늘날과 비교하면 어떻다고 생각하시나요?" 자기에게 유리하게 성경을 해석하고 자기들의 해석과 조금이라도 다른 해석을 한 교파 사람들을 미

위한다. 다른 종교 사람들은 아예 원수를 대하듯이 한다.

불과 100년 전까지도 한국 땅에 대부분이 다 불교와 유교(조상숭배)가 지배했다. 즉, 우리 할머니 할아버지 세대까지는 대부분 타 종교였다는 사실이다.

나는 어떤 사람들이 신(God)의 이름으로 생명을 경시하거나 하나님의 거룩함을 빙자하는 냉정한 사람들이 결코 좋게 보이지 않는다. 자기 관념에 사로잡혀 좁은 시야로 울타리에 갇혀 살면서 스스로 경건한 체하는 것 아닐까? "하나님은 사랑이다"라는 성경 말씀 속에는 많은 뜻이 내포되어 있다.

4) 살아있는 것에는 모두 그림자가 있다.

"살아있는 모든 것에는 그림자가 있다." 이 말은 모든 살아있는 사람에게는 어두운 면 즉, 단점이 있다는 말이다. 간혹 우리가 어떤 사람을 만나면 그 사람의 단점, 그리고 잘못되었다고 생각하는 측면, 어두운 그림자를 말하고 비판하게 된다. 그러한 현상을 보면서 우리는 두 가지 면을 생각해 보아야 한다. 첫 번째는 그렇게 판단하고 비판하는 것은 어디까지나 내 생각 나의 기준으로 보는 것이라는 점이고, 두 번째는 '남을 비판하는 나는 흠과 티가 없느냐?' 라고 자문해 보아야 한다. 심리학적으로는 남을 많이 비판하는 사람일수록 그 사람 자신에게 문제가 많다고 정의한다. 즉, 자신의 부족한 면을 남을 비판함으로써 덮을 수 있다는 생각, 그리고 남을 비판함으로써 자기는 우월하다는 생각 등등이다. 반대로 어릴 때부터 충분한 사랑을 듬뿍 받고 자라고 현 생활에 만족하는 사람은 주변 사람들에게 한결 너그럽다.

크리스천은 어린 시절이 어떠하였든지 하나님의 엄청난 사랑으로 인하여 예수 그리스도를 통하여 천국이 보장된 이미 성공한 인생들이다. 이것이 크리스천에게는 주변 사람들에게 너그럽고 사랑으로 대해야 할 충분한 이유가 된다. 물론 우리 주변에 기본적인 상식에도 미치지 못하는 답답한 사람들이 있다. 그럴 때 우리는 어떠해야 할까? 비판하는 것은 주님께서 싫어하신다. (마태복음 5장) 그런 이상한 사람을 보고 화를 내면 나 자신의 영혼과 육체의 건강을 해치게 된다. 그렇다고 아예 외면하고 살 수도 없다. 성경은 우리에게 오래 참고 부드럽게 대하라고 한다. 기도하면서 상대방이 느낄 수 있도록 사랑의 자세로 아주 기분이 좋은 방법으로 권면해야 한다. 크리스천은 기본적으로 우리가 모두 하나님 앞에서 죄인이었고 예수 그리스도의 십자가 죽음으로 은혜받고 구원받은 사람들이다. 한마디로 사랑의 빚진 사람이다. 세상에 어두운 그림자가 없는 사람은 없다. 빛이 강할수록 그림자도 선명하다. 당신의 영혼이 더 거룩할수록 타인의 어두운 면이 더 잘 보인다는 뜻이다. 그림자가 없는 사람도 있다. 관이나 무덤에 누운 죽은 사람은 그림자가 없다.

3. 가치 중심적인 목표가 역경을 잘 극복한다.

필자는 아주 오래전에 아시아의 작은 나라에서 누군가 혁명을 준비한다면서 그것을 도와주면 그 나라에서 마음대로 선교사역을 할 수 있게 해준다는 제의를 받은 적이 있다. 필자는 단호히 거절했다. 첫째는 민주적 절차를 거치지 않고 무력으로 혁명하게 되면 피를 흘리게 되는데 우리 하나님은 사랑과 자비의 하나님이시지 생명을 경시하거나 피 흘리는 것을 좋아하는 분이 아니기 때문이다. 좋은 코치는 이기주의에서 비롯된 목표 중심적인 사고에서 벗어나야 한다. 그렇게 되려면 가난이나 궁핍함도 자연스럽게 받아들일 수 있는 평정심과 내공이 있어야 한다.

시기와 질투심이 있다면 또한 사리사욕이 자기에게 존재한다면 그 사람은 작은 성공은 거둘 수 있을지 몰라도 커다란 성공은 거두기가 어려울 것이다. 위대한 왕 다윗에게도 하나님은 말씀하셨다. "너는 피를 많이 흘려서 성전 건축하는 것을 허락하지 않겠다"라고 하셨다. (역대상 22장 8절~10절) 하나님은 자비와 사랑의 하나님이시다. 살아있는 세상의 모든 생명을 사랑하신다.

1) 가치 중심적인 사고란 무엇일까요?

우리 각자는 작은 나침반을 가지고 있다고 상상해 보자. 이 나침반의 바늘은 돈이나 성공이 아닌, 우리의 마음과 영혼이 중요하다고 여기는 가치를 향해 그 방향을 지향한다. 가치 중심적 사고란 바로 이 나침반이 가리키는 방향을 따라 자신의 길을 찾아가는 것을 의미한다.

우리는 자유의지 즉, 스스로 선택할 힘을 가지고 있다고 생각해야 한다. 마치 비디오 게임에서 다음 단계로 나아가기 위해 어떤 길을 선택할지 결정하는 것처럼, 우리도 삶에서 매 순간 선택해야 한다. 이때 우리의 내부 나침반은 과학적인 사고를 도와주기도 한다. 마치 수수께끼를 풀 때 단서를 찾고 추리하는 것처럼, 과학적 사고는 우리가 세상을 이해하고 현명한 결정을 내리는 데 도움을 준다.

이제 종교적인 삶과 비교해 보면, 어떤 사람들은 마음과 행동을 큰 의미나 믿음에 가치를 두고 살아간다. 이것을 '희생적인 삶'이라고 한다. 마치 친구를 위해 자기 음식을 나누듯, 희생적인 삶을 사는 사람들은 자신의 것을 넘어서 더 큰 선을 위해 기꺼이 베풀 줄 안다.

이 모든 것을 합쳐보면, 가치 중심적 사고는 우리가 자신의 가치에 따라, 스스로 결정하며, 과학적으로 사고하고, 때로는 다른 이들을 위해 희생하는 삶을 사는 방식이다. 이것은 마치 각기 다른 색깔의 실들이 어우러져 아름다운 한 폭의 수예 그림을 만들어내는 것과 같다. 우리 각자의 삶도 자신만의 고유한 색깔과 패턴으로 이루어진 독특한 작품이 되는 것이다. 그래서 우리가 삶의 크고 작은 결정을 내릴 때, 우리 내부의 나침반을 잘 들여다보고, 주변 세계를 이해하려 노력하며, 때로는 다른 이들을 위해 작은 희생을 하는 것, 이 모든 것이 우리를 진정으로 행복하고 의미 있는 삶으로 이끈다는 걸 기억해야 한다.

2) 고상한 목표

하늘 높이 날리는 연처럼, 우리의 목표도 높고 고상할수록 사람들의 눈길을 끌고 존경받는다. 마치 화려하고 아름다운 연이 하늘을 수놓듯, 숭고한 가치를 추구하는 목표는 주변 사람들에게 감동을 준다. 하지만 주의할 점이 있다. 너무 높이 올라가 버리면 그 멋진 연이 작은 점처럼 보일 수 있으니까.

마찬가지로 너무 이상을 추구하다 보면, 우리의 고귀한 목표가 다른 이들에게는 도달할 수 없는 허망한 꿈으로 비칠 수 있다. 그래서 우리에게 필요한 것은 적당한 높이에 있는 목표다. 연이 너무 높지도, 너무 낮지도 않게 하늘을 날 때 가장 아름답듯, 우리의 목표도 사람들이 존경하고 그 가치를 인정할 수 있는 적당한 높이에서 그 진정한 의미를 발휘하게 된다.

이처럼 우리의 목표가 하늘에서 아름답게 빛나려면, 그 목표가 가진 무늬 즉, 장단점을 적절히 보여줄 수 있는 높이에서 멈추는 지혜가 필요하다. 그렇게 될 때, 우리의 고상한 목표는 다른 이들에게도 분명하고 아름다운 영감을 주게 될 것이다.

3) 유익하고 선한 가치의 종류

우리가 사랑하는 만화나 영화 속 영웅들처럼, 실제 세계에도 다양하고 멋진 가치들이 존재한다. 이 가치들은 마치 초능력과 같아서 우리의 삶을 더 밝고 긍정적으로 만든다. 이야기 속에서 배우는 것처럼, 이기적이지 않고 이타적이며 모두에게 좋은 것들, 그것이 바로 '유익하고 선한 가치'다.

예를 들어보면, '안정성'은 우리가 편안하게 쉴 수 있는 안전한 공간과 안정된 삶을 의미한다. '진실성'은 마법처럼 우리의 말과 행동에 진실을 담아 서로 신뢰를 쌓게 한다. '공정함'은 모두가 공평한 기회를 얻고 정의로운 세상을 만들어 가는 마법의 열쇠다.
또 '자비심'은 우리 마음속의 따뜻한 불꽃으로, 다른 사람의 아픔을 이해하고 돕고 싶은 마음을 키운다. '책임감'은 우리가 한 일에 대해 당당히 책임지는 용기를 준다. '창의성'은 새롭고 신나는 아이디어로 우리의 세계를 더욱 풍부하게 만들어 준다.
'겸손함'은 자신을 스스로 너무 과대평가하거나 과소평가하지 않도록 도와주며, '사회봉사'는 우리가 타인을 위해 무엇인가를 베풀 수 있는 기쁨을 경험하게 한다. '평화주의'와 '지속 가능성'은 각각 폭력 없는 평화로운 세상을 만들고, 자연과 미래 세대를 위해 노력하자는 멋진 메시지를 전달한다.

이 모든 가치는 마치 다양한 색깔이 어우러진 무지개처럼 우리 삶을 아름답게 물들인다. 사람마다 중요하게 생각하는 가치는 조금씩 다를 수 있지만, 이러한 유익하고 선한 가치들은 대부분 사람이 이타주의적이고 모두에게 좋은 영향을 줄 수 있는 것들이다. 그래서 우리가 모두 이 가치들을 소중히 여기며 살아간다면, 더 밝고 긍정적인 세상을 만들 수 있을 것이다!

4. 의식정화와 무의식의 정화
그리고 셀프코칭 (Self Coaching)의 종류

사람의 영혼을 돌보는 코치나 상담사는 끊임없이 자신의 의식정화와 무의식의 정화 작업이 필요하다. 마치 많이 사용한 부엌칼은 무디어져서 더 이상 음식 재료를 조리할 수 없는 것과 마찬가지이다. 그래서 유명한 조리사는 거의 매일 칼과 조리도구를 손질한다.

의식정화와 무의식의 정화는 각각 인간의 의식적인 측면과 무의식적인 측면에서 발생하는 정화 과정을 표현하고 의미한다. 여기서는 이 두 용어를 비교하여 설명하면 다음과 같다.

대상과 영역에서 볼 때 의식정화는 주로 개인이 의식적으로 알고 있는 생각, 감정, 행동 등에 중점을 둔다. 예를 들어, 개인이 의식적으로 자신의 감정을 이해하고 조절하는 것이 의식정화의 일환일 수 있다. 반면에 무의식의 정화는 주로 의식적으로 알기 어려운, 숨겨진 생각, 욕망, 기억 등과 같은 무의식적인 영역에 중점을 둔다. 이는 자아의 깊은 곳에서 발생하는 심리적인 요소를 해소하고 이해하는 과정을 나타낸다.

접근 방법으로 의식정화는 주로 상담, 심리치료, 명상, 자기관찰 등의 방법을 통해 이루어진다. 의식적으로 알고 있는 부분을 다양한 각도에서 살펴보고 이해하려는 과정이 포함된다.

반면에 무의식의 정화는 주로 심리치료, 특히 정신분석학적 접근이나 마인드콘트롤과 같은 기법을 사용하여 무의식적인 측면을 탐험하고 해석하려는 노력이 포함된다.

목적 및 효과 차원에서도 두 가지 정화방식은 차이를 보인다. 상담사나 코치는 평정심을 유지하고 자기 마음의 호수에 파도가 생기지 않게 다스려야 한다. 만약에 그 호수에 파도가 높아서 지나가는 배들의 승객이 불편해한다면 항해를 중단해야 한다고 생각한다. 코치 자신의 마음을 잘 다스리는 것이 우선이다.

시간적 측면에서 보면 의식정화는 비교적 짧은 기간 내에 의식적으로 알고 있는 부분에 대한 작업이 이루어질 수 있다. 반면에 무의식의 정화는 무의식적인 부분은 주로 깊이 있는 탐구와 과정이 필요하므로 상대적으로 오랜 시간이 소요될 수 있다.

이 두 개념은 종종 상호보완적이며, 종합적인 정신건강에 기여하는 데에 상호 작용할 수 있다. 의식정화와 무의식의 정화는 각각의 특성에 따라 적절한 상황에서 선택되고 조화되어야 한다.

5. 셀프코칭(Sellf Coaching)이 중요한 이유와 좋은 코치의 태도

셀프코칭은 자기 얼굴을 거울로 들여다보는 것과 같다. 상담 심리학에서는 이것을 "직면"이라고 한다. 얼굴에 무엇이 묻었는지 옷과 넥타이는 제대로 매었는지 확인하는 것과 같다. 나의 모습이 타인의 눈에 이상하면 내담자는 코칭하는 도중에 "자기나 잘 할 것이지 코치가 왜 그 모양이야?" 라면서 코치를 신뢰하지 않을 것이다. 이것은 다만 외적인 사례이고 코치 내면의 세계도 마찬가지이다. 코치가 내면이 평화롭게 안정되어야 하고 순결함과 신실함이 뿜어져 나와야 한다. 사람은 영적인 존재이다. 코치나 상담사가 불안전하고 내면의 세계가 정립되어있지 않으면 금방 느끼게 된다.

최근 심리학의 화두 중 하나가 사람과 사람이 만나면 아무런 말을 하지 않아도 "뇌와 뇌끼리" 서로 스캔(Scan)한다는 것이다. 비언어적인 신호로 상대방의 정서적 심리적인 동태를 파악한다는 뜻일 것이다. 그러니 다른 사람의 정신세계와 그의 인생을 코칭 하려는 사람이 자기 자신을 얼마나 잘 관리하고 스스로 성찰해야 하는지 알아야 할 것이다.
좋은 코치는 태도 기본적으로 선한 마음가짐과 이타주의적이며 인간적인 품성이 있어야 한다. 좋은 라이프코치는 클라이언트의 개인적인 변화와 발전을 돕기 위해 다양한 기술과 자질을 가지고 있어야 한다.
셀프 코칭은 마치 내면의 나침반을 따라가는 모험 같은 것이다. 이 여정은 영화 속 주인공처럼 우리 자신의 내면과 대면하고, 때로는 회개와 회심의 순간을 경험하며, 철학자처럼 깊은 자기 성찰을 통해 새로운 깨달음에 도달하는 과정이다. 여기에 코칭이라는 마법의 과정이 더해져 우리는 더 구체적이고 발전 지향적인 목표를 향해 나아갈 수 있게 된다.

셀프 코칭의 세계는 매우 다채롭다. 목표를 설정하고, 그 목표를 이루기 위한 로드맵을 그리는 것부터 시작한다. 그리고는 마치 일기를 쓰듯, 우리의 일상, 감정, 진행 과정들을 기록한다. 이러한 기록은 우리가 어디에 서 있는지, 어디로 가고 싶은지를 명확히 해준다.

또한, 책이나 온라인 강의를 통해 새로운 지식을 배우고, 의사소통 기술을 향상시키며, 스트레스를 관리하는 법을 배우는 것 모두가 셀프 코칭의 중요한 부분이다. 우리는 건강한 몸을 위해 운동을 하고, 영양가 있는 음식을 섭취해야 하며, 자기 계발 서적이나 리소스를 활용해 스스로를 끊임없이 계발해야 한다.

이 모든 것이 셀프 코칭의 여정이다. 다른 사람의 조언을 듣고, 때로는 멘토의 도움을 받으며, 우리는 스스로를 더 잘 이해하고, 우리의 잠재력을 최대한 발휘하게 된다. 셀프 코칭은 우리 각자가 자신의 삶의 주인공이 되어, 더 밝고 희망찬 미래를 향해 나아가는 과정이다. 그리고 그 여정은 오직 당신의 내면의 나침반을 따라가기만 하면 된다.

6. 숨겨진 슬픔, 찾아내기

2003년부터 아프가니스탄에 FHI (국제기아대책기구) 책임자로 있었다. 가족을 데리고 가기 전에 사전 탐방을 하기 위하여 혼자 먼저 다녀왔다. 비행기를 갈아타기 위하여 인도 뉴델리에서 며칠씩 체류할 때였다. 인도 뉴델리 한인교회 K 목사님이 티베트에서 온 망명인들이 인도의 한 지역에 산다고 같이 가서 민간요법의 진찰을 받아보라고 하였다. 한국이나 중국의 한의사들은 한쪽 손목을 진맥하여 몸 상태를 확인하였는데, 티베트에서 온 그 여의사는 나의 양손 팔목을 잡고 진단하였다. 그 의사를 만난 후에 여행 기록 노트에 쓴 짧은 시(詩) 한 편을 소개한다.

숨겨진 슬픔

인도의 수도 뉴델리
모슬렘들이 모여 사는 8번가에
라마 불교가 삶의 전체를 지배하는
티베트 망명 정부에서 세운 작은 진료소에서
초라한 중년의 여의사를 만났다.
그녀는 말이 없고 젓가락처럼 가늘고 때 묻은 손이
나의 팔목을 잡고 아픈 곳을 가리키는 도중에
"당신은 슬퍼"라고 말했다.
장로교 목사인 나는 아니라고 부인했지만
나의 신과 나만이 아는 비밀을
이방인인 그녀가 어떻게 안다는 말인가?
하루 3가지 다른 약으로 뼈와 심장

그리고 정신을 치료할 수 있는 약을 받아 들고 돌아오면서

그의 선생이 가르쳐주지 않았을

마음의 슬픔을 진찰해 내는 방법을 물어보아야겠다.

어디 세상에 슬픔이 없는 사람이 있으리오마는

같이 간 동료에게는 그런 말을 하지 않았고,

나의 육체와 내부의 고통까지도 정확히 집어내는

그 의사는 어떤 사람일까?

감추어 놓은 영혼의 슬픔도 병인지 나는 예전에 몰랐다.

이제는 들켜버린 아픔을 드러내놓고

나 스스로 치료해야지…. 그러면

또 다른 감추어진 슬픔의 병을 앓고 있는 사람들에게

두 손을 잡아주며

이제 더 슬퍼하지 마세요. 라고 말할 수 있을까?

2003년 5월 31일
인도 뉴델리 티베트 망명자들 정착촌에 다녀와서

우리는 어렸을 때, 엄마나 아빠로부터 코칭을 받으면서 자랐다. 어떤 어린이든 할아버지나 할머니, 혹은 이모나 삼촌으로부터, 누나나 형제로부터 코칭을 받으면서 성장하였고 자라가면서 학교 선생님이나 종교 지도자로부터 코칭을 받으면서 성장하였다.

만일 자기가 스스로 자만하여 더 이상 배울 것(코칭 받을 것)이 없다고 생각한 사람은 성장 발전에 어려움이 있다. 사도인 야고보는 선생 되기를 좋아하지 말라고 야고보서 3장 15~17절을 통해 말씀하셨다.

그러므로 자기가 스스로 코치라고 생각하는 사람은 코칭 받기를 주저하지 말고, 다양한 경험을 위하여 코칭 하기를 쉬지 말아야 한다. 마치 부엌에서 사용하는 칼을 종종 갈아주어야 음식을 만들 때 불편하지 않듯이 자기 성찰과 계발하는데 게으르지 말아야 한다. 언덕 위 높은 곳은 척박하고 건조하지만 도리어 낮은 곳은 물이 고여서 물고기도 살고 여러 동물이 갈증을 해결하며, 나무들이 무성하게 자랄 수가 있다는 현상을 직시하여 겸손함이 몸에 배게 해야 할 것이다.

특히 크리스천 코칭을 하는 사람은 그 사람의 영혼까지 들여다볼 줄 아는 능력을 계발해야 하는데 성경 잠언 20장 27절에 다음과 같이 기록 되어있다.

"사람의 영혼은 여호와의 등불과 같아서 그 사람의 영혼 깊은 곳까지 다 살핀다."

좋은 코치는 자기 스스로 마음이 안정되고 평화로워야 하고 다른 사람을 사랑하는 마음을 가지는 인격이 되어야 하지 않을까?
하나님은 그 사람이 준비된 만큼 사용하신다는 말이 생각난다.

해외 목회와
선교에 빛을 얻은 코칭

김기홍 코치

김기홍 코치는 아세아연합신학 대학원을 졸업하고 말레이시아의 KL 열린연합교회를 1988년부터 현재까지 목회하고 있다.

저서로는 '젊은 날의 선언', '따블 기쁨', '확실하고 황홀한 구원', '탁월한 영성으로 살다', '베스트셀러의 베스트라이프' 가 있다.

말레이시아 미션 대표, KDN 코리안 디아스포라 네트워크 회장으로 활동 중이다.

어느 날 문득 내가 하고 있는 목회가 제대로 건강하게 잘 되어 가고 있는지 점검하고 싶은 생각이 들었다. 1988년부터 말레이시아의 쿠알라룸푸르에서 담임목사로 'KL연합교회'의 한인목회를 시작하였다. 그때 나이가 30살, 아내는 25살, 지금 생각하니 해외교회를 담임하기에는 참 어린 나이였다. 목회 경험이 없고 훈련이 제대로 되어 있지 않아서 미숙한 점들이 많았지만 나름대로 열심히 사역하면서 교회가 잘 성장하였다. 처음에는 3~4년 정도 해외 목회 경력도 쌓고 국제적인 감각도 익히면서 지내다가 고국으로 돌아가 나름 큰 목회를 해보겠다는 계획을 가졌다. 그런데 해외에 나와 있는 기업의 임원들, 대사관 직원들, 국제기관에 근무하는 분들이 함께하는 한인교회의 좋은 점들과 조금씩 성장하는 교회 성장의 재미에 빠져 10년의 시간이 훌쩍 지나버렸다.

쉼도 가지고 공부도 더 하고 싶어서 교회와 상의하여 1999년에 1년 안식년으로 보스톤에 있는 고든 콘웰 신학교에 가서 배움의 시간을 가졌다. 새로움으로 재충전을 받는 꿈과 같이 행복한 시간이었다. 안식년을 다녀와서 이미 사놓은 부지에 예배당을 건축하는 일을 시작하였다. 말레이시아는 회교권이라서 교회로 짓기 어려워 한인유치원이라는 이름으로 건축을 시작하였다. 1년 교회를 비운데다가 예배당을 건축하다 보니 교회의 중직자 들과 이런저런 갈등이 생기기 시작했다. 그때만 해도 한국에 있는 목회 선배들이나 멘토로 여기는 분들과 소통하기가 너무 어려웠다. 지금같이 인터넷을 통해서 아무 때나 손쉽게 대화할 수 없었던 시기였다. 코칭을 제대로 받을 수 있었다면 그렇게 고통스럽고 힘든 어려움을 겪지 않았으리라 생각한다. 여하튼 그때부터 목회 현장에서 일어날 수 있는 모든 어려움을 한꺼번에 겪기 시작했다.

결국 목회와 인생이 한순간에 깊은 나락으로 내팽개쳐지는 것 같은 경험을 하면서 연합교회를 사임하고 나오게 되었다. 그 과정에서 미숙한 실수도 저지르고 치욕적인 억울함이나 만물의 찌꺼기 같이 짓밟히는 아픔과 상처를 입게 되었다. 사임을 했으면 말레이시아를 떠나야 할 것인데 말할 수 없는 분노와 좌절감으로 도저히 그냥은 물러설 수 없다는 생각을 하게 되었다. 따로 나오게 된 몇몇 교우들과 다시 '열린교회'라는 이름으로 개척하여 새롭게 시작하게 되었다. 이로인하여 소속된 교단에서 나와야 하는 아픔도 겪게 되었다. 당시에는 오직 넘어진 땅에서 다시 일어서 보는 것만이 목표였다.

그곳에서 회복해 보지 않고서는 평생 패배와 실패의 무거운 돌덩이에 눌려 벗어날 수 없는 삶을 살게 되겠다는 절박한 마음이 들었다. 이를 악물고 열심히 해서 그런지 교회는 나름대로 잘 성장했고 10년 정도가 지나니 안정적인 목회로 접어들게 되었다. 후에 생각하니 내가 무엇을 열심히 해서 된 것이 아니고 오직 하나님의 궁휼히 여겨주심과 베풀어 주신 큰 은혜의 결과였음을 고백할 수 밖에 없다. 이제는 그런대로 절망과 고통의 늪을 건너서 목회가 안정되고 여기저기서 성공적인 한인 목회자로 인정받게 되었다고 여기는 그런 순간에 전체적으로 목회를 제대로 객관적으로 점검해 보고 싶은 생각이 들었던 것이다.

오직 성장 일변도로 정신없이 뛰어가는 목회가 과연 바르고 건강하게 가고 있는지, 실패를 만회하려는 욕심을 넘어서 진정한 의미와 열매를 가지고 미래를 향하여 더 나아갈 수 있는지 확인하고 싶었다. 2013년 12월 말이었으니 지금으로부터 약 10년 전의 일이었다. 당시 풀러 신학교에서 리더쉽 강의하면서 선교대학원을 담당하고 계신 교수님을 교회에 초청했다. 2주간 우리 교회에 머물며 리더쉽 집회도 하면서 객관적으로 나 자신과 목회 전반을 점검해 달라고 요청을 드렸다.

교회의 중직들은 물론 교회의 여러 그룹들 그리고 주변의 선교사님들과도 만남을 가지도록 주선하였다. 시간이 될 때마다 수시로 만나서 대화를 나누었다. 그리고 매일 저녁마다 내게 메일을 보내 주셨다. 본인이 보고 느끼고 생각한 모든 것들을 그대로 이야기 해 주셨다. 그때 참 인상적이며 신선한 느낌으로 다가온 것이 있다.

그분은 많은 질문들을 사용해서 나를 포함해서 만나는 사람들과 아주 의미 있는 대화를 나누는 것이었다. 목사로서 일방적으로 설교와 교육하는 것에만 익숙해져 있던 나에게는 그렇게 질문을 통해서 사람들의 생각과 마음들을 끌어내면서 대화하는 것이 참 신기하고 놀라웠다. 그야말로 일방적인 일방통행이 아니고 아니고 양방향 소통이 작동하는 효율적인 소통을 하고 있다는 것이 선명하게 눈에 보였다.

최근에 코칭을 공부하고 나서 생각해 보니 바로 코칭에서 배우는 질문의 기술들을 사용했다는 것을 알게 되었다. 지금까지 본인에게 직접 물어보지는 않았지만 분명히 코칭을 제대로 공부하신 분이라는 생각을 하게 된다.

당시 그분의 코칭을 통해서 나는 많은 것을 깨닫고 유익을 얻었다. 대화를 하면서 내가 나도 모르게 반복적으로 많이 사용하는 단어나 제스쳐들을 지적해 주시면서 그 의미를 스스로 생각하고 깨닫게 해 주었다. 그런 과정에서 과거의 아픔과 상처와 근본적인 문제가 무엇이었는지를 직시하게 했고, 그것으로 후회하며 아파하는 것에만 머무는 것이 아니라 미래를 위해서 창조적인 에너지로 사용할 수 있도록 격려를 받았다. 내가 겪은 모든 일들, 성공적이고 잘한 것들 뿐 만 아니라 실수하고 실패하며 상처로 남은 것들마저도 사역의 폭을 넓히고 더 많은 사람들을 이해하고 위로하며 사랑으로 섬길 수 있는 디딤돌로 삼을 수 있다는 도전을 받았다. 참으로 유익하고 복된 시간이었다.

새로운 목표들을 설정하고 나의 정체성과 주어진 존재적 가치들을 활용하면서 즐겁게 해외 목회를 감당할 수 있는 터닝 포인트가 되었다고 말할 수 있다. 그 이후에도 여러 가지 상황에서 목회 위기를 겪기도 했지만 잘 극복하며 행복한 목회를 해올 수가 있었다. 이런 가운데 정말 감사한 것은 지금으로부터 7년 전에 사임하고 나왔던 연합교회와 목회하고 있던 열린 교회가 다시 연합을 하여서 '열린연합교회'가 되었다. 모든 것을 다 용서하고 내려놓고 하나가 된 것이다. 하나님의 은혜로 지금까지도 연합으로 인한 문제는 단 한 건도 없이 성장해 오면서 그 어려운 코로나19의 위기도 잘 극복하고 이국땅에 있는 선교적 교회로서의 사명을 꿈꾸며 다시 부흥을 위해 나가고 있다. '모든 것이 은혜, 은혜였소!'라고 찬양할 수밖에 없다.

이제 은퇴를 5년 정도 앞두고 있다. 다시 목회를 뒤돌아 볼 때 참 보람되고 좋았고 잘 했다고 생각하는 부분도 있지만 여전히 부족함을 느끼며 안타깝게 여기는 부분들도 있다. 대부분 목회자들이 그렇겠지만 할 수 있으면 많은 성도들을 모시고 더 많은 청중들에게 설교하고 강의하면서 목회하는 것이 하나의 목표였다. 이런 것들은 어느 정도 잘 해오고 있지 않았나 하는 생각을 한다. 하지만 가장 취약하게 느끼는 것은 성도들과의 개인적인 소통과 깊은 교제를 통해서 믿음과 삶을 세워주는 일이다. 지금까지 교인들을 개인적으로 만나서 상담하고 치료하고 변화시켜 주는 일은 가급적 부교역자나 전문가들에게 맡기고 회피해 왔다. 성도들이 문제와 아픔에 깊이 공감하면서 끌어안고 감당하기에는 나 자신이 너무 힘들고 고통스러움을 느끼게 되기 때문이다.

전체적으로 말씀을 가르치거나 설교를 하는 일에는 나름 자신이 있는데 개인적인 만남을 갖거나 상담하고 소통하는 일은 너무 힘이 들었다. 하지만 해외 목회를 하다 보니 사실 이런 사역이 정말 필요하다는 생각을 하게 된다. 너무나 다양한 사람들이 다양한 이유로 이국땅에 나와 있다. 대부분 나그네 삶의 불완전함과 불안을 숙명처럼 지니며 살아가고 있다. 어떤 문제가 있을 때 가족이 있고 친척들이고 친구들과 도와줄 사람들을 쉽게 찾을 수 있는 고국에서의 삶과는 너무나 다르다는 것이다. 그런데 막상 그런 교우들이나 교민들의 필요에 제대로 접근하지 못하는 나 자신에 대하여 늘 안타까움이 있었다.

그런데 최근에 신학교 동창이며 선교 동역자의 권유로 코칭을 공부하게 되었다. 내게 정말 새로운 지경을 열어주는 빛이 되었다. 아직은 따로 코칭이라는 이름하에 성도들이나 교민들을 만나서 코치하는 일은 하지 않고 있다. 앞으로 은퇴 이후까지 생각하면서 말레이시아에 코칭 기관을 세워서 구체적이고 공식적으로 코칭의 사역을 하려는 계획은 가지고 있다. 아직은 그렇게 '코칭' 이라는 이름으로 공식적인 사역은 하지 않고 있지만 교우들을 만날 때, 기도 제목을 나눌 때 심방할 때 자연스럽게 코칭적인 대화를 나누고 있다. 그동안 개인적인 만남이 부담되어 가급적 회피했지만 지금은 부담감이 없는 상태에서 오히려 좋은 결과의 기대감을 가지고 적극적인 만남을 하고 있다.

코칭적인 질문들을 통해서 가지는 만남과 대화가 엄청나게 많은 유익을 준다는 확신이 있기 때문이다.

이렇게 만남을 통해 경험하는 것은 대부분의 사람들이 눈물을 흘리며 감동한다는 것이다. 이것은 단순히 삶의 후회와 슬픔으로 인한 눈물을 넘어서 새로운 삶의 길들을 발견하고 소망을 얻는 감동에서 오는 눈물이라는 사실을 알게 되니 그 보람과 기쁨은 말할 수 없다. 과거의 아픔을 털어내기도 하지만 인생의 목표들을 찾고 현실을 이겨낼 방법을 깨달으면서 스스로 앞을 향해서 나아갈 수 있는 힘을 얻는 것이 신기하기만 하다. 생각해 보면 코칭을 제대로 공부하기 전에도 정말 절박하고 중요한 때는 코칭적인 사역을 했던 것이 기억이 난다. 오래전에 고위공직자로서 말레이시아에 와서 일하던 교우가 있었다. 근무처에서 너무나 어려운 인간관계의 갈등으로 인해서 나중에는 깊은 우울증을 앓게 되었다.

모든 면에서 사람들이 부러워할만한 것들을 다 가지고 있었지만 결국은 죽고 싶다는 생각을 종종하게 된다고 이야기할 정도로 심한 우울증을 앓게 되었다. 아파트 베란다에서 내려다보는 말레이시아의 푸른 나무들이 다 회색으로 보인다고 했다. 그라운드에 있는 수영장이 자신을 뛰어내리라고 외치며 끌어당기고 있다는 느낌이 든다는 것이다. 그대로 놔두면 무슨 일이 일어날 것만 같아 목회자로서 큰 부담감이 생겼다. 매일 심방해서 말씀을 나누고 기도하면서 질문들을 통해 대화를 나누었다. 그러던 중에 자신도 깜짝 놀라는 속에 있던 깊은 문제들이 튀어 나오는 것을 경험할 수 있었다.

사실 근무처에서 겪고 있었던 인간관계의 문제가 아니라 그 이전에 이렇게 문제 있는 관계들을 만들어 갈 수밖에 없는 근본적인 상처가 있었던 것이다. 그 부분을 계속 대화를 통해서 풀어나가며 같이 기도 하다 보니 우울증을 잘 극복하게 되었다. 한국에 가서도 좋은 부처에서 공직을 계속 수행하게 되는 감사한 결과를 얻게 되었다.

코칭적인 질문과 대화 그리고 거기에서 드러나는 문제에 초점을 맞추어 말씀을 나누고 기도하는 이런 만남이 이렇게 한 인생을 변화시키는 열매를 거두게 한다는 사실을 새삼스럽게 생각하게 된다. 이제는 코칭에 대해서 공부하고 훈련하고 실습하면서 더욱 뚜렷하게 목회와 선교사역에 적용해 나가고자 하는 욕심을 내고 있다.

참 재미있는 것은 이런 코칭적인 질문을 통해서 매주 강단에서 해왔던 설교가 더 깊이 있고 의미 있게 준비되고 전달되고 있다는 사실이다. 우선 다양한 질문을 통해서 본문을 더 확실하고 분명하게 보는 안목이 생겼다고 말할 수 있겠다. 아니 성경 자체가 중요한 문제들에 대해서는 질문을 가지고 접근하면서 놀라운 깨우침을 주고 있는 것이 이제는 잘 보인다.
예수께서 제자들을 집중교육하시는 시기에 자신이 누구이며 앞으로 세워질 교회는 무엇인가의 중요한 가르침을 주실 때에 질문을 사용하셨다.

'사람들이 나를 누구라고 하더냐?' '너희는 나를 누구라고 생각하느냐?'는 질문을 차례로 던지셨다. 그리고 '주는 그리스도시요 살아계신 하나님의 아들이십니다!' 라는 베드로의 대답에 큰 칭찬과 격려를 하시고 그것이 바로 교회의 기초요 반석이 됨을 말씀해주셨다.
제자들이 스스로 답을 찾아가고 그것을 확인해 주시며 기독론과 교회론을 한 번에 정리해서 교육하신 것이 깨달아지는 것이다. 설교도 일방적으로 메시지를 던지는 것보다 본문과 삶으로 걸어 들어갈 수 있는 질문들을 던지면서 먼저 청중들이 스스로 생각하게 하면서 같이 답을 찾아가는 코칭적인 접근을 하다 보니 성도들이 더욱 말씀을 듣는 몰입도가 강해지는 것을 느끼게 된다.
새 가족들과의 만남이나 심방을 하게 될 때도 코칭을 통해서 얻는 유익이 놀랍다는 생각을 하게 된다. 일방적으로 말씀을 전하고 기도해 주는 것보다 먼저 마음을 여는 질문들, 그리고 전하고자 하는 성경의 내용을 질문으로 접근한다. 이런 과정을 통해서 가장 두드러지게 느끼는 것은 상대가 엄청나게 말을 많이 쏟아놓는다는 것이다. 단순한 몇 가지 질문에 그동안 삶에 쌓여 있던 이야기들이 흘러나온다. 항상 일방적으로 목회자가 말하고 성도들은 듣고 기도를 받던 패턴이 완전히 바뀌게 되었다.

본인들이 많은 이야기를 하면서 본인들이 깨닫고 정리하고 결론을 내는 경우가 많다. 이런 과정에서 자신들이 이야기 속에서 아픔과 상처와 문제들을 쏟아내며 눈물을 흘리고 마음을 활짝 여는 것을 본다. 그동안 가까이 있어서 대화를 해도 마음은 멀찍이 있다는 느낌을 가졌다면 이런 코칭적인 만남과 심방들을 통해서 마음과 마음이 열리고 깊게 소통한다는 기쁨과 만족감을 가지게 된다. 코칭과의 만남은 목회 사역의 대상들과 더욱 밀착된 열린 만남을 만들어 주었다고 생각한다.

몇 년 전부터 기도해 온 것이 있다. 목회의 마지막 구간을 달리며 은퇴 이후의 삶까지 연결되어 나갈 수 있는 '블루 오션'을 열어 달라는 것이었다. 좀 더 창의적이고 의미와 가치를 가지는 일을 통하여 은퇴 이후에도 계속 선교적인 삶을 살려는 꿈을 가지고 기도하고 준비하고 있었다. 그런데 코칭이 하나의 블루 오션으로 가는 길을 열어주고 있다는 확신을 하게 된다. 사실 앞서 말씀드린 교수께서 당시에 마지막으로 좋은 제안을 해주신 것이 기억난다.

오랜 해외목회와 선교의 경험을 가지고 있고 많은 위기와 문제들을 극복하고 일어선 노하우들이 있기 때문에 해외목회자들과 선교사들에게 그것을 나누고 돕는 사역을 하면 좋겠다는 것이다. 힘들고 탈진한 목회자나 선교사들을 말레이시아로 초청해서 함께 먹고, 함께 보내는 시간을 가지고 대화를 나누다 보면 많은 힐링과 새로움의 에너지를 줄 수 있다는 것이다. 그런데 코칭을 공부하면서 더욱 효율적으로 이런 사역을 감당할 수 있겠다는 소망을 가지게 된다. 단순히 함께 하고 삶을 나누면서 힐링 사역을 하는 것을 넘어서서 코칭적인 접근과 대화를 통해서 더 유익하고 효과적으로 섬길 수 있는 결과를 얻어 낼 수 있겠다는 생각을 하게 된 것이다.
사실 해외 목회를 오래 하다 보니 해외에서 목회하는 분들에 대한 관심이 많고 이런 분들과의 네트워킹이 절대적으로 필요하다는 생각을 하면서 지냈다. 이런 필요를 절감하면서 이미 존재하고 있었던 세계한인디아스포럼에 참여하기 시작했다. 세계의 관문도시에 있는 한인교회 목회자들이 매년 한 번씩 만나서 목회, 2세 교육, 선교를 주제로 연구하고 발표하고 나누는 모임이다.
서로 같은 처지에 있는 사람들이기 때문에 만나기만 해도 너무나 좋은 대화와 교제를 나누게 되고 많은 힐링과 깨달음을 얻어 가는 모임이다. 더 좁혀서 같은 환경과 문화를 가지고 있는 분들과 만나면 더 깊이 있게 나눔을 가질 수 있다는 생각이 들어서 우리 교회에서 주관해서 아시아에 있는 한인교회 목회자들의 포럼을 시작하였다.
지금도 세계 모임과 아시아 모임이 계속되고 있다. 물론 코로나 기간 동안에는 중단되었지만 올해에 세계포럼을 우리 교회에서 다시 시작하게 되었고 세계한인디아스포라 네크워크를 이끌어 가는 대표의 일도 맡게 되었다. 이 일을 중요하게 여기는 것은 같이 만나서 밥을 먹다가도 자신이 처한 목회적인 상황을 이야기 하다가 선 경험자로서 던져주는 작은 이야기에도 감동하고 새로운 길을 찾았다며 눈물을 흘리는 한인목회자들을 자주 만나기 때문이다. 앞으로 이런 일들을 더 효율적으로 이루어가는 일을 위해 코칭의 사역은 너무나 중요한 역할을 해 줄 것이라고 믿는다.

코칭이 이렇게 내 삶과 목회에 한 줄기 빛을 주고 있다면, 나를 통해서 나간 빛이 그 어떤 사람들의 어둠 속에 길을 비추어 주는 빛이 되기를 기대하며 기도한다. 나를 만나는 사람들이 대화를 통해서 길을 알고, 힘을 얻고, 생의 의미와 가치를 깨닫게 되고 사명을 위한 삶을 살아가게 된다면 무엇을 더 바라겠는가? 코칭은 내 영혼과 사역에 빛을 밝혀 주고 가까운 사람들과 관계를 밝혀 주고 있지만 남은 목회와 은퇴 이후의 선교적 비전 가운데도 빛이 되어줄 것을 확신하게 된다. 그 빛을 따라 걸어갈 것이다.

코칭,
온전한 성장을 위한 안내자

김상만 박사(Ph.D.)

김상만 코치는 인덕대학교 교수, 한국표현예술심리상담학회 부회장(전문 예술심리상담사)으로 활동중이다.
연세대학교 연합신학대학원 상담코칭학 석·박사(Th.M, Ph.D.), 연세대학교 코칭아카데미 비즈니스코칭과정을 졸업(2011)하였으며, 저서로는 "열 번의 성장(공역, 2020, 학지사)", "분석심리학과 표현예술치료(공저, 2019, 학지사)", "상담훈련생의 집단표현예술심리치료 프로그램 경험연구(2019, 연세대)", "전시 군종상담과 군종장교의 역할(2018, 육군교육사령부)", "외상 후 스트레스 장애(PTSD)와 군종장교의 역할(2016, 육군교육사령부)", "예술심리치료를 적용한 이야기심리학이 내담자에게 미치는 효과연구(2004, 연세대)" 등 다수가 있다.

E _ spalan77@hanmail.net

얼마 전 의욕이 넘치는 코치들이 한자리에 모였다. 저마다 각기 자기 영역에서 전문적인 역량을 가진 분들이었다. 모인 목적은 하나였다. 한 권의 책을 쓰자는 것이었다. 가벼운 마음으로 읽고 이해할 수 있는 수준의 글로 각자의 코칭 경험을 담은 이야기 형식의 글을 쓰기로 하였다. 공동 저자가 될 각자는 충분히 스스로 책을 쓸 수 있는 실력자들이었다. 각자 자기가 경험한 코칭 이야기를 나눌 때 마치 무지개처럼 여러 가지 색이 될 것이고, 그 아름다움이 얼마나 기대되고 파급효과가 클지 생각해 보자고 하였다. 저자의 한 사람으로서 어떻게 내용을 채울 것인가를 고민했다. 그리고 바로 생각한 것이 "코칭, 온전한 성장을 위한 안내자"이었다. 1994년 중위 계급장을 달고 육군 군종목사로 임관 한 후 당시 매년 평균 100여 명의 장병이 자살하는 현실에서 "어떻게 단 한 명의 장병이라도 살릴 것인가?"라는 숙제를 풀기 위해 고군분투하며 알게 된 것이 심리상담과 예술심리치료였다. 2002년 군위탁장교로 선발되어 연세대학교에서 상담학석사를 공부하게 되었고, 첫 수업으로 듣게 된 예술심리치료가 언어소통이 부자연스러운 장병 대상 상담에 가장 유용하다는 나름의 판단에서 명지대학교 예술치료학과에서 미술치료전공과 심층심리치료전공으로 PD과정을 공부하였다. 이후 20년이 넘게 두 영역에서 개인과 집단의 변화와 성장을 위해 임상에 힘써 왔다. 최근 코칭을 새롭게 접하면서 코칭은 개인과 집단의 온전한 성장을 위한 고속철도(KTX)와 같다는 생각을 하게 되었다. 온전한 성장으로 가는 안내자인 코칭 경험을 나누면서 나의 코칭 공부의 현주소를 파악하는 것, 또한 필요한 작업이라고 생각했다. 그래서 가볍지만 진지하게 나의 코칭의 역사와 코칭과 얽힌 여러 이야기를 나누고자 한다.

나의 코칭 입문

코칭이란 단어를 처음 접한 것은 2007년에 시작하게 된 연세대학교 연합신학대학원 상담코칭학과 박사학위 과정이었다. 2002년도 상담학석사 학위과정에서는 들어보지 못한 생소하지만, 비중이 아주 높아진 코칭에 관한 이야기를 듣게 되었다. "심리상담만으로는 여러 가지 한계가 있으니 그것을 극복할 대안"으로 코칭이 중요하다고 하였다. 그렇게 시작된 나의 코칭 공부의 역사는 연세대학교 코칭아카데미 비즈니스코칭 과정에 2011년도 입학하는 것으로 출발하였다. 비즈니스코칭 수업 시간에 배웠던 8단계 코칭 모델은 독특하고 신선했다. 비즈니스코칭 8단계 모델은 1단계 "지지하기"를 중심축에 두고, 시계방향으로 2단계 "주제를 확인하라", 3단계 "파급효과를 알게 하라", 4단계 "계획을 세우게 하라", 5단계 "실천 약속을 받아내라", 6단계 "변명에 대처하라", 7단계 "결과를 명확히 하라", 8단계 "포기하지 말라" 순서로 진행된다. 그때는 심리상담에서는 찾아볼 수 없는 마치 보물상자를 발견한 것처럼 비즈니스코칭 8단계 모델을 소중하게 생각하고 반복해서 연습하고 또 연습하면서 코칭의 신세계로 빠져들었다.

파트너 연습 과정을 통해 동료들과의 친분도 쌓았다. 당시 모두의 관심을 끌었던 것은 GROW 코칭 모델이었다. 1단계 "해결 받고자 또는 이루고자 하는 코칭 주제와 목표(Goal)가 무엇인지 정하고, 2단계 그것을 이루기 위한 현실(Reality)의 상태를 점검해 보고, 3단계 해결 방안(Option)을 3가지 정도 탐색하여, 4단계 의지(Will)를 갖고 실천 계획을 수립함으로써 성장(GROW)하자"라는 코칭의 기초가 되는 모델이었다. GROW 코칭 모델은 기존의 심리상담 준비(worming up)단계에서 많은 시간을 투자하며 중요하게 다루는 신뢰감(rapport) 형성 부분이 없어서 역시 경제학을 바탕으로 만들어진 모델이라 당시에 매우 실용적이라고 생각했다. GROW 모델에 대한 강력한 호감이 계기가 되어 현실치료의 WDEP 모델을 박사논문에 주요한 내용으로 활용하게 되었다. WDEP 모델은 GROW 모델과 쌍둥이 모델이라고 할 수 있다. 현실치료는 William Glasser가 창시한 행동의 선택이론에 바탕을 둔 심리치료법이다. 매슬로우의 욕구 5단계 위계이론과 비교해서 인간의 다섯 가지 기본 욕구인 생존, 사랑, 성취, 자유, 재미의 욕구를 동시에 모두 충족시킬 수 있는 내면적인 가상 세계 즉, "좋은 세계"를 발달시킨다는 것이다. 좋은 세상을 추구하며 그것을 이루기 위해 행위, 사고, 감정, 생리적 반응으로 구성된 전체행동을 선택해야 하며, 구체적인 행동 변화를 끌어내기 위해 WDEP 모델을 사용한다는 것이다. 1단계 내담자가 원하는 소망(Wants)을 분명하게 파악하게 하고, 2단계 그러한 소망을 실현하기 위해 어떤 행동(Did/Doing)을 선택했고, 지금도 실행하고 있는지 자각하게 한다. 3단계 자신이 행하였거나 현재 하는 행동들이 소망을 충족시켜왔는지 또는 현재 충족시키고 있는지를 평가(Evaluation)하게 한다. 4단계 그렇게 하지 못했거나 못하고 있다면 좀 더 효과적인 행동을 선택하여 실천할 수 있는 계획(Planning)을 세우도록 한다. 현실치료의 WDEP 모델은 현재에 초점을 맞추어 내담자의 생각과 행동을 변화시킴으로써 심신의 행복을 영위하도록 돕는 구체적인 절차와 기법을 갖춘 매우 실제적인 치료모델이다. WDEP 모델을 오랫동안 개인과 집단상담에 활용했고, 오랜 임상 경험을 바탕으로 박사학위 논문인 "상담훈련생의 집단표현예술심리치료 프로그램 경험연구 -자기 인식 능력 향상을 중심으로"의 종결 회기 부분에 활용하였다.

12명의 연구 참여자들의 1단계 소망(Wants)은 "동행, 갈등 해결, 회복, 남편과 신혼여행부터 다시 시작, 자유, 쉼, 만족, 원가족 회복, 위로, 방향 설정, 전환, 감사" 등이었다. 2단계 각자의 소망을 실현하기 위해 어떤 행동(Did & Doing)을 했었고, 현재 하고 있는가를 자각하도록 하였다. 3단계 자신이 선택했고 현재의 삶에서 그러한 소망을 충족시키기 위해 어떻게 실천했는지를 평가(Evaluation)하게 하였다. 그리고 4단계 그것을 현실 삶에서 실천하지 못했거나 못하고 있다면 좀 더 효과적인 행동을 선택하기 위해 계획(Planning)을 세우도록 하였다. 참여자들 모두가 집중해서 자신의 목표를 찾았고, 함께 나눔을 통해 계획을 어떻게 실천할 것인가에 대한 다짐과 결단이 있었다. 비즈니스코칭 수업에서 훈련받았던 실천 계획으로 3명이 한 조가 되어 100일 동안 서로를 체크하고 격려하는 단톡방을 운영하도록 하였다. 100일간의 상호 점검의 시간이 길게 느껴지고 부담이 되겠지만 자기 변화와 성장으로 나아가는 훈련의 시간으로 알고 열심히 실천할 것을 약속하였다. WDEP 모델은 온전한 성장으로 나아가는 길을 찾기에 충분하였다.

코칭에서 가장 힘이 되었던 부분

코칭의 매력에 빠져 코칭을 본격적으로 훈련받게 된 가장 힘이 되었던 부분이 다음과 같은 이유 때문이었다. 심리상담의 목적과 목표는 개인의 변화와 성장을 통한 자기 인식 능력의 향상이다. 이를 다른 말로 자기를 실현하는 인간, 충분히 기능하는 인간, 성숙한 인간 등으로 표현한다. 결국 자기에 대한 이해와 수용, 그리고 개방과 주장을 통해 자기의 인식 능력을 향상하도록 돕자는데 의미가 있다. 자기 이해는 현재 자신의 몸과 마음에 관한 모든 것을 사실 그대로 이해하는 것이다. 자기 수용은 이해한 그대로의 자신을 인정하고 받아들이는 것이다. 자기 개방은 자신에 대해 이해하고 수용한 자신을 그대로 나타내 보이는 것이며, 자기 주장은 상대방에게 피해를 주지 않으면서 자신이 나타내고자 하는 바를 그대로 나타내는 것이다.

이러한 자기 인식을 통한 변화와 성장에 도움을 주는 명칭을 달리하는 심리상담 이론이 현재 지구상에는 약 400개 이상으로 추산되고 있다. 4백여 개의 현대 심리상담 이론은 특정한 하나의 치료적 접근보다는 몇 개의 접근을 통합하거나 절충한 치료적 입장을 취한다. 현대 심리치료와 상담이론(권석만, 2021, 학지사)에서 네 가지 유형으로 통합과 절충의 입장을 소개하고 있다. 첫째, 공통요인 이론(common factors theory)이다. 핵심적인 공통요인을 찾아내어 이론체계를 구성하는 방식이다. 관계(Relationship), 노출(Exposure), 숙달(Mastery), 귀인(Attribution) 등 각 단어의 첫 글자로 만들어진 REMA 모델이다. 긍정적인 변화가 일어나고 그것이 지속되기 위해서 네 가지 요인들이 상호작용해야 한다는 것이다. "관계"는 그 자체만으로도 치료적 효과를 갖는다. 그렇지만 관계만으로는 충분하지 않다. 관계를 통해 획득된 이슈들은 "노출"이란 과정을 통해 치료된다. 그러한 치료적 관계를 통해 노출하게 된 이슈들은 반복적인 치료 과정을 통해 "숙달"에 이르게 된다. 숙달 경험은 치료적 성과로 이어지게 되고 그것이 곧 자신의 노력과 역량 강화에 의한 것으로 "귀인"하게 될 때, 지속적인 치료적 변화가 담보된다. 이처럼 관계는 노출로 이어지고, 노출은 다시 숙달로, 숙달은 귀인으로 상호작용하며 치료를 촉진하게 된다. 둘째, 기술적 절충주의(technical eclecticism)이다. 내담자가 갖는 문제에 대한 최상의 치료기법을 선택하여 치료체계를 제공하는 것이다. 내담자가 가진 주요 증상에 따라 그 내담자에게 가장 적합하게 맞는 치료기법을 제공하는 것이다. 이론적 통합을 추구하지 않고 다양한 치료기법들을 가장 내담자 증상에 맞게 치료적 전략을 추구하는 것이다. 기술적인 절충적 치료는 행동치료, 바이오피드백, 인지적 재구성, 약물치료 등의 치료기법을 활용한 다중양식치료(Multimodal therapy) 모델이 있다. 셋째, 동화적 통합(assimilative integration)이다. 하나의 이론을 택하고 그 이론적 기반 위에서 다른 이론을 통합하거나 흡수하여 사용하는 방식이다. 상담사 자신이 가장 자신에게 적합하다고 생각되는 하나의 이론과 그 이론에 기초한 치료 방법에 능숙하게 되고 나서 그 바탕 위에서 다른 이론을 받아들이고 그것을 자신만의 독특한 방식으로 발전시켜 나가는 것을 말한다. 예로 정신역동적 치료에 기반을 두고 인지행동치료의 인지재구성법이나 과제사용법을 사용하거나 게슈탈트 치료의 빈의자 기법을 활용하는 경우이다.
넷째, 이론적 통합(theoretical integration)이다. 이는 더욱 나은 치료 효과를 이루기 위해서 두 가지 또는 그 이상의 치료를 이론적으로 통합하는 개념체계를 말한다. 내담자를 보다 효과적으로 돕기 위해 이론적 통합을 이루어 이론체계와 치료 방법을 제시하는 것이다. 예로 심리도식치료가 있다. 성격장애나 만성적인 문제를 지닌 내담자를 치료하기 위해 인지행동치료, 정신분석치료, 애착이론, 게슈탈트 치료, 구성주의 치료 등을 이론적으로 통합한 치료법이다. 또 다른 예로 미술, 무용/동작, 음악, 드라마 등 예술 매체를 활용하는 표현예술심리치료, 여러 치료기법을 실용적으로 묶은 NLP 심리치료, 정신역동의 여러 이론에 기반한 내면가족체계(IFS)치료 등이 있다.
이러한 몇 가지 중요한 추세 중에서 심리상담을 보다 활성화한 "코칭(Coaching)"은 심리상담의 목적과 목표 차원뿐만 아니라 현대 심리상담 이론이 지향하고 있는 통합과 절충의 결과물로서 독보적인 이론이자 영역이라고 할 수 있다. 고객을 온전한 성장에 이룰 수 있도록 개인과 조직이 가진 역량을 극대화하기 위해 질문과 경청, 칭찬과 인정을 통해 감정과 사고를 자극하여 창조적이며 창의적인 내면의 힘을 끌어내게 하는 것이 코칭이 품고 있는 강점이고 힘이다. 또한 각자가 가진 잠재적인 능력을 극대화하여 최상의 가치를 실현할 수 있도록 코치가 파트너로서 돕는 탁월함이 있다. 더 유능하고 만족스러운 지점까지 나아가도록 온전한 성장을 돕는 것이 코칭이 갖는 가장 큰 매력이다. 특히 현대 심리상담의 모든 경향성을 담아내고 있으면서도 경제학적인 관점이 첨부된 코칭이야말로 "빨리빨리" 문화에 익숙하고, MBTI 지표 중에 "실제적 경험, 사실적이고 구체적, 실태 파악, 현실 수용, 정확하고 철저한 일 처리, 일관성과 일상성, 사실적 사건묘사" 등에 심리적 선호 경향성이 있는 70%에 육박하는 감각형(S형) 성격유형의 한국인에게 가장 친화적이며 파급효과가 클 것으로 판단되기에 각 개인과 집단의 변화와 성장에 평생 헌신하고자 한 나에게 있어서 코칭은 더할 나위 없는 동반자가 아닐 수 없다.

나의 코칭 공부의 역사

연세대학교 코칭아카데미 비즈니스코칭 과정에서 리더십코칭, NLP코칭, 비즈니스코칭, 인간관계코칭, 창조경영코칭, 코칭실습 등의 과목을 수강하였고, 선배코칭, 수퍼비전, 동료코칭 등의 실습도 마쳤다. 기업, 국회, 대학, 종교단체 등 다양한 영역에서 자신만의 영역을 구축하고 안전된 지위에 있는 많은 동료들과 코칭 실습을 통해 친밀감을 갖게 되었고, 졸업 후에도 코칭스터디 모임을 통해 교류하기도 했었다. 당시 한국코치협회(KCA)에 대한 소개가 있었지만 회원 가입이나 활동에 대해 크게 비중을 두지 않았다. 다만 2013년에 연세대 석박사과정이 "상담학"에서 "상담코칭학"으로 바뀌는 결정적인 순간 현장에 있었기에 그때의 감동이 지금도 전해져 온다.

지금의 코칭에 대한 여러 이야기는 2022년도 "5R 코칭 리더십" 20시간 공부에서부터 시작 된다. 5R 코칭 리더십 과정 이후 국제코치연맹(ICF)의 자격증을 얻기 위해 핵심역량심화(40H), 워라벨 라이프코칭(20H), 비즈니스코칭(22H), 수퍼비전(13H), 그룹멘토코칭(7H) 등 총 122시간의 과정을 마쳤다. 또한 연세대학교 권수영 교수가 연구 개발한 "아가페-에포케 전문사역코칭"과정도 마쳤다. 아가페-에포케 코칭은 "기독교 정신에 입각하여 상대의 숨겨진 자원을 찾아 돌보는 사랑(Agape)과 상대의 행동을 나의 인식의 틀에서 미리 규정하는 것을 유보하는 판단중지(Epoch)의 자세로 상대의 강점을 개발하여 목표를 달성하도록 돕고 상대가 문제에 대한 새로운 대안을 스스로 찾고 창의적으로 도전하도록 돕는" 특징이 있다.

목사이며 전문 예술심리상담사인 나에게 더할 나위 없이 유용하고 품격 있는 코칭 모델로 삼게 되었고, 아가페-에포케 모델을 군에서 사역하는 성직자들에게 보급해야 하겠다는 꿈을 갖게 되었다. 한국코치협회(KCA)의 KAC 자격증과 코칭 강사FT 자격증을 갖게 되었고, 현재는 KSC를 목표로 KPC 자격증 준비 중이고, ICF의 MCC를 목표로 PCC 자격증을 향해 달려가고 있다.

결정적으로 코칭에 몰입하게 된 전환기

ICF의 PCC 자격증을 위한 교육과정에서 수퍼비전 강의를 들으면서 나도 모르게 코칭에 대한 깊은 신뢰와 함께 몰입하게 되었다. 연세대학교 상담학석사와 상담코칭학 박사, 명지대학교 예술심리치료 PD과정, 세브란스 임상목회교육(CPE), 예술심리치료사 자격증 과정, 군상담사 자격증 과정, 그리고 무용동작치료사 자격증 과정 등에서 다양한 수퍼비전을 경험했었다. 각각 영역의 특수성을 배제하더라도 수퍼바이저의 성향에 따라 수퍼비전 내용이 매번 달라서 마음이 힘들었던 적이 많았다. 하지만 코칭의 역량평가서는 코칭 임상에 대한 평가를 점수로 표현하게 함으로써 누구나 똑같은 수준의 점수를 매길 수 있도록 하였다.

물론 해결중심 상담이론 척도질문에서 평가 정도를 수치로 매겨보도록 하지만, 코칭의 역량평가서는 매우 체계적으로 정리되어 있었다. 코칭 역량평가서의 매력은 항목이 있고, 항목에 따른 평가내용이 있어서 10점 만점 기준으로 평가하게 되어있다. "코칭 합의 및 유지" 4개 항목, "신뢰와 안정감 개발" 4개 항목, "프레젠스 유지" 5개 항목, "적극적 경청" 7개 항목, "의식확장" 8개 항목, "고객의 성장 촉진" 9개 항목의 평가내용이 있어서 어떤 수퍼바이저이든 이 항목에 따른 평가를 해야만 한다. 그리고 국제코치연맹(ICF)의 ACC 자격증은 5점 이하, PCC자격증은 5점에서 7점 사이, MCC 자격증은 7점 이상이다. 코칭 임상을 녹음해서 수퍼바이저가 위 평가 항목에 따른 평가를 했을 때 언제나 누구에게서나 거의 같은 점수를 얻게 된다. 나의 여러 번의 다양한 수퍼비전 경험을 비추어 보았을 때 코칭의 평가 방법만큼 분명하게 실력을 향상시킬 수 있는 것은 없다고 보았다. 반복적인 훈련도 가능하고, 스스로도 평가를 할 수가 있어서 코칭에 몰입하게 된 전환기가 되었다.

코칭에 대한 미래 비전

코칭은 한국형 심리상담 모델이며 앞으로 무한한 가능성이 열려있는 블루오션이라고 생각한다. 최근 5R 코칭 리더십으로 장병그룹, 목회자그룹, 중년여성그룹 등을 만나 집단코칭을 인도하였다. 2인 1조로 편성해서 장병은 5개 그룹, 목회자는 6개 그룹, 여성 중년은 11개 그룹으로 5R 진행 순서에 따라 집단코칭을 이끌었다. 1단계 색 고르기를 통해 관계 형성(Relation)을 하게 하고, 2단계 각자의 목표설정(Refocus)을 하게 하고, 3단계 현실 인식(Reality)을 점수화하여 스스로 평가하고 기준을 갖게 한 후, 4단계 해결자원(Resource) 3가지 찾도록 했다. 5단계 상호책임(Responsibility)에서는 도움을 줄 수 있는 사람, 장애물, 그리고 소감 등을 파트너와 소통하도록 하였다. 장병그룹은 보직 문제, 상급자와의 갈등, 전역 후의 계획 등이, 목회자그룹은 지역주민들과의 소통, 지속적인 수입 창출이 가능한 일, 주변 목회자들과의 협력 등이, 중년여성그룹은 자녀 문제, 교우들과의 관계 해결, 부부 갈등 등이 주제와 목표로 설정되었다. 짧은 시간이었지만 목표 달성에 대한 각 개인의 해결 방안에 대한 대처 능력이 향상되었을 뿐 아니라 변화와 성장의 경험을 하게 된 것을 참여자들과의 나눔을 통해 확인할 수 있었다. 개인 코칭으로 50대 남성 고객과 12회기 매주 1회 4개월에 걸쳐 면대면으로 코칭을 진행하였다. 조직에 대한 부적응 상태에서 벗어나고자 하는 것이 초기 목표였고, 점점 더 자신의 내면 탐색과 자기 인식에 대한 목표로 전환하면서 스스로 길을 찾게 되었다. 과감하게 평생 직장에서 벗어나 제 2의 인생을 새롭게 꿈꾸게 되어 감사의 마음을 전해 주었다. ZOOM을 통해 미국에 거주하는 유학생을 대상으로 12회기 코칭을 진행하였다. 거주 환경, 대학 진학, 군입대 등 다양한 주제에 대한 고민을 코칭 대화를 통해 해결의 실마리를 찾고 실천하는 모습을 보여준 고객은 현재 대학에 진학해 자신의 꿈을 펼치고 있다. 현재 목회자, 교수, 박사, 직장인, 학생, 군인 등 여러 대상과 개인 및 집단코칭을 진행하고 있다. 매번 느끼는 것이지만 코칭이 주는 안전감, 실용성, 효과성 등은 코칭의 매력에 더욱 더 빠져들게 하는 요소들이다.

코칭, 온전한 성장의 안내자

처음 이 글을 쓰기 시작할 때 10여 개의 소제목으로 구성하였다. 글을 적어가면서 한두 가지 빼기 시작했고 결국 5개 제목으로 마무리하게 되었다. 코칭에 대한 몇 가지 소견, 코칭 훈련 과정에서 영향을 받은 인물, 코칭의 핵심 가치 등의 소제목은 꼭 적어보고 싶은 항목이었다.

하지만 마음을 접기로 하였다. 코칭에 대한 소견은 나중에 코칭의 성장점이란 항목으로 적어보고 싶고, 인물에 대한 언급은 현재 활발하게 활동 중인 분들의 이름을 언급하는 것이 조심스럽다는 의견을 받아들였다. 주로 대폭 줄인 부분은 나의 코칭 역사 부분인데, 좀 더 세세하게 초기부터 그 과정을 적고 느낌을 표현하고 싶었다.

특히 코칭아카데미 비즈니스코칭 1년 과정은 나에게는 10년과도 같은 느낌으로 다가왔기에 그때의 생생한 학습의 경험을 담아내고 싶었다. 당시 기존의 심리상담을 재정립하며 새로운 영역에 뛰어드는 것이 그리 쉽지 않았기 때문이었다. "코칭, 온전한 성장의 안내자"가 코칭 공부를 시작하는 이들에게 안내서로서 입문서로서 더 나아가 생생한 경험서로써 좋은 길라잡이가 되었으면 하는 바람으로 나의 코칭 이야기를 마무리하고자 한다.

존재 가치를 찾은 삶은
행복입니다

오지연(KPC) 코치

오지연 코치는 아티스 인재개발센터(Artys Education) 대표로 상담코치, 청년 멘토 코치, 부모-자녀 의사소통, 부모교육 분야를 전문적으로 강사 활동중이다.
교육학, 상담심리학 석사 및 World Mission University 박사과정 중이며, 교육감, 도지사, 보건복지부 장관 외 다수(교육복지실현)의 표창을 수상한바 있다.
E _ artysgunsan@naver.com

코칭을 시작하며 스스로 '맛깔 코치'라는 닉네임을 선물했다. 우리가 음식의 맛을 '달다, 쓰다, 시다, 짜다' 네 가지로만 표현하는 것이 아니라 훨씬 다양하게 표현하는 것처럼 한 사람 한 사람이 각자 살아갈 그 인생의 맛을 더욱 풍미롭게 표현하도록 돕는 코치가 되고 싶었기 때문이다. 라이프코칭을 만나면서 비구름 사이에 뜨는 무지개가 찬란하게 빛나는 것처럼, 구름에 가려졌던 한 사람의 인생이 찬란하게 빛나도록 돕고 싶다는 것이 나의 비전이었다. 그것은 변하지 않은 나의 가치, 사랑의 마음이었다.

'맛깔 코치'가 되고 싶다는 소망은 '자기다움'의 길을 찾아가고자 하는 나의 첫 번째 여정이 되었다. 찬란한 빛의 비전을 품고 떠난 코칭의 길에서 먼저는 존재적 가치와 새로운 코치로서의 정체성을 발견하기 시작하였다. 다른 이들을 돕고자 떠났던 나의 여정, 그것은 오감을 만족하는 색다른 맛이었으며, 무엇보다 삶의 여정에서 변하지 않는 가치 실현의 시간이었고, 행복한 코치로서 새롭게 시작되는 지점이 되었다. 오늘도 나는 코치로서의 삶이 행복하다.

코칭을 통해서 마음을 세밀히 바라보게 되었을 때, 깊은 내면의 작은 소리에도 귀 기울여 들어주는 법을 배웠다. 내면의 작은 소리에 집중하면서 진짜 코칭의 맛을 느꼈으며, 명료하고 현명한 질문을 장착하고는 코치로서의 새로운 인생의 여정을 걷기 시작하였다. 때론 짙은 안개에 갈 길을 잃어도 균형 잡힌 사랑의 코치가 되고자 하는 나의 열정이 나를 뜨거운 가슴을 가진 맛깔 코치로 다시 일어서게 하였다. 이런 삶의 변화를 일으킨 코칭의 세계로 들어가 보자. 그 이야기는 어떻게 시작되었을까?

줌(Zoom)이 이어준 인연으로 삶의 목적지를 재설정

　코로나로 우리의 일상이 바뀌어 가는 그때, 줌(zoom)이라는 신문물을 통해 나의 일상은 완전히 바뀌어 있었다. 아침에 눈을 뜨면 LA에 있는 학교에 간다. 학교의 학생들은 시차가 다른 전 세계 학우님들이다. 나이도 사는 곳도 모두 다르지만, 각자 마음에 자신의 가치를 품고 주어진 소명과 사명을 향해 묵묵히 삶으로 실현하고 계시는 멋진 학우님들이다. 수업에 집중하다 보면 마음 안에서 "나는 누구인가?"라는 질문이 생기기 시작했고, 왠지 코칭 안에 그 질문의 답이 있을 것만 같았다. 인생에 궁금증들이 코칭 안에서 해결될 것 같은 마음으로 아시아코치센터의 국제코치과정의 문을 두드렸다. 그렇게 만난 워라벨 라이프코칭(Work & Life Balance Coaching)은 인생의 중년기를 시작하고 있는 나에게 '가장 나다운' 삶의 정체성을 찾아가는 여정이 되었다. 그렇게 한 사람의 인생의 방향은 자신이 계획한 것보다 더 명확하게 흘러가고 있었다.

　인생을 살아가다 보면 각자만의 삶의 주기가 있다고 한다. 누구나 희(喜)로(怒)애(哀)락(樂)의 반복된 삶을 거치면서 스스로 노력과 훈련으로 균형을 유지하며 살아간다. 때론 자신에게 다가오는 상실과 고통의 긴 수렁으로 빠지는 순간에도 우리는 가치, 의도, 믿음, 용기, 능력을 강화함으써 그렇게 또다시 균형을 유지하고 희망을 향해 나아갈 수 있다는 것이다. 우리는 각자가 꿈꾸는 행복을 추구하며 살아가고 있다. 누구나가 향하는 삶의 여정에서 오늘의 나는 어디쯤 가고 있을까? 어떤 모습으로 내 인생 여정을 걸어가고 있을까? 오늘은 잠시 가던 길을 멈추어 서서 각자의 삶을 점검해 보시길 바란다. 최근 코칭을 마친 결혼한 30대 직장인 남성 고객이 한 말을 나눠볼까 한다.

> **고객**: "코치님, 이번 코칭을 통해서 고속도로 휴게소의 중요한 의미를 깨달았어요."
>
> **코치**: "고속도로 휴게소의 중요한 의미를 깨달았다는 것은 어떤 건가요?"
>
> **고객**: "저는 서울에서 부산까지 목적지에 빨리 가야만 한다고 생각했는데, 잠시 휴게소에서 쉬어가야 졸음운전도 방지하고 향긋한 커피도 마실 수 있다는 거요. 허허허."

바쁜 일과 아내와 함께하는 시간 사이에 균형을 두고 고민하던 30대 고객의 '고속도로 휴게소'는 얼마 전 결혼한 아내가 주말에는 일하지 말고, 자신과 함께 보내면 좋겠다는 강한 메시지에 대한 성찰이었다. 우리의 삶이 오래오래 행복하려면 원하는 목적지를 향해 가는 여정을 즐기면서 갈 수 있어야 한다. 그리고 그 여정을 누구와 함께 어떤 방법으로 즐기고 있느냐도 중요한 것일 것이다. 현재 나는 내 삶에서 어떤 가치가 우선순위인가? 우선순위의 가치는 나의 변하지 않는 가치인가? 라는 질문을 스스로 해보시길 바란다.

> "나에게 변하지 않는 가치는 과연 무엇일까? 그것은 어떻게 생기게 되었을까?"

그 질문의 방향은 나에게 행복을 찾아 고민하는 바람직한 중년의 행복한 사람을 만들어 주었다. 코칭이 질문을 통해 사람을 변화시키고 성장시키는 힘이 있다는 것을 알게 되는 순간이었다. 그렇게 코칭은 나에게 아주 가까이 다가오고 있었다.

> "10년 후에 자신이 어떤 모습으로 살고 싶은지 비전을 그림으로 그려 보세요."

2004년 대학원을 다니면서 20대에 미술치료를 처음 배웠을 때이다. 교수님의 말에 쓱! 쓱! 싹! 싹! 과감한 선으로 빨강, 주황, 노랑, 파랑, 초록의 다양한 색을 이용하여 신나고 자신 있게 그림을 그린다. 하얀 도화지 저 끝에는 환한 빛을 비추는 작은 집이 하나 보인다. 그 작은 집을 향해 가는 길에는 많은 아이가 서로 마주 보며 웃고 그 집을 향해 걷고, 뛰어가고 있다. 환한 미소를 짓고 있는 나는 오른팔을 번쩍 들어 뛰어가는 아이들을 가득 안고, 왼팔은 마치 가제트 팔처럼 길게 쭉 뻗어 넘어져 울고 있는 한 아이를 토닥이고 있다. 당시에 그린 '나의 비전' 그림이다. 벌써 20년 전

그림이지만 코칭을 시작하면서 또다시 문득 생각나 피식 웃는다. 지금도 여전히 나의 비전은 성장과 발전을 향한 누군가의 손을 잡고 함께 걸어가길 바란다. "아~ 나에게 변하지 않는 가치가 바로 이것이구나!" 순간 '변하지 않는 가치'를 발견하는 알아차림의 순간을 마주했다. 그리고 나는 그 마음을 따라서 조심스레 가보기로 하였다.

셀프: "너의 20대 비전 그림에서 어떤 부분이 지금의 너를 피식 웃게 했는데?"

나: "환한 빛을 비추는 작은 집을 향한 마음과 넘어진 아이를 향한 나의 마음."

셀프: "그 마음이 어떤 마음인지 궁금해지는걸?"

나: "음, 그 마음은 행복이 아닐까 싶은데, 행복이라. 너무 추상적이다. 히히히."

셀프: "그렇지, 행복이 참 추상적이지. 개인적인 거고, 그럼 너에게 행복이란 뭐야?"

나: "나에게 행복이란 모두가 다 함께 웃을 수 있는 그런 그림이야."

셀프: "모두가 다 함께 웃는 그림? 그건 어떤 그림일까?"

나: "그건 서로가 다름을 인정하고, 이해하는 모습이야."

셀프: "그렇구나, 인정하고 이해하기 위해서는 무엇부터 해야 하는데?"

나: "코칭을 배우고, 스스로에 대한 질문을 하나씩 시작해보면 좋을 것 같아."

경청의 기술을 그때 알았더라면

　20대의 눈으로 바라보는 세상은 온갖 아름다운 색채로 보인다. 세상은 알록달록 형형색색 온통 색깔 옷을 입고 있다. 오늘은 어떤 옷을 입을까? 무슨 색 가방을 들고 나갈까? 생각하며 오늘 기분에 따른 옷을 입고 집을 나서본다. 거리에 나오니 사람들의 표정에도 다양한 이야기와 색이 보인다. 궁금한 색깔이 보이지만 지나쳐 일터로 향한다. 교육학을 전공하고 아동 상담을 하고 있던 나에게 세상은 온통 아름다운 색채였다. 어느 날 아름다운 색채가 빛을 잃어버리는 사건이 일어나기 전에는 말이다.

당시에 내가 담당하던 아동의 어머님 이야기를 잠시 나눌까 한다. 맞벌이로 항상 바쁘셨지만, 자녀를 잘 양육하고자 최선을 다하시는 분이셨다. 그러나 자녀와 사소한 부분에서 매번 갈등이 생겨 자녀를 이해하고 싶은 마음에 상담을 받으러 오신 것이다. 그 아동의 어머니는 평소 자신이 몰랐던 자녀의 성향과 마음속 이야기를 들으면서 매번 수용적이시고 공감을 잘하셨다. 또 어떤 날은 눈물을 흘리기도 하시며 자녀의 마음을 이해하는 중이었다. 부모·자녀 사이가 회복되어 가는 과정을 보며 내 마음도 뿌듯함을 느끼고 있었는지도 모르겠다. 어느 날 아동의 어머님이 자신의 자녀 상담을 하다가 갑자기 동서와의 갈등을 이야기하셨다. 맞벌이로 해외여행이 쉽지 않아 이번 연휴에 가족 여행을 다녀오며 작은집 조카의 옷을 사서 선물했다는 것이다. 그런데 동서가 아주 큰 오해를 하게 되었고 결국 가족 간의 갈등으로 번져 지금 상황이 너무 힘들다는 것이었다. 그렇게 시작된 어머니의 긴 하소연은 결국 어머니께서 날카로운 마지막 말을 내쉬며 끝이 났다.

"제가 동서의 심리를 모르니까 선생님께 물어보는 거죠. 선생님은 어떻게 저희 동서의 심리도 모르세요?"

여자들의 언어는 알다가도 아리송했다. 나는 독심술을 가진 점쟁이가 아닌데 말이다, 그 당시 내가 자주 했던 말이 "난 여자가 싫어."였는데 생각해 보니 "싫어"라는 말은 "모르겠어. 그렇지만 잘 알고 싶어."라는 초보 상담사의 바람이지 않았을까? 모르는 것에 대한 겸손한 배움의 자세는 지금까지 나의 변화와 성장에 좋은 결과를 가져오게 되었다. 코치 역시도 생애 경험이 많고, 다양한 경험이 있다면 경청과 공감이 더 잘 될 것이다. 그렇지만 초보 코치도 생애 경험이 적은 코치도 누구나 코칭의 기술을 습득하면 코칭의 전문가가 될 수 있다.

코칭의 유익은 다양하겠지만, 일상생활에 유용한 코칭 듣기의 팁을 하나 나눠드리고 싶다. 우리가 겪는 많은 갈등 가운데 85%가 대인관계 갈등이라는 것에 공감하는가? 그렇다면 듣기의 세 가지 기술, '3F 경청의 기술'만 알고 있어도 우리는 갈등으로부터 자유로워지는 것이다. 우리의 의사소통은 말하기가 아닌 듣기로부터 시작한다. 그럼 무엇을 들어야 잘 듣는 것일까?

듣는 방법에는 세 가지 방법이 있다고 한다. 사실 듣기, 감정 듣기, 의도 듣기이다. 대화는 세 가지 중에 어느 한 가지를 듣는 것이 아니라 균형 있게 세 가지를 잘 들을 수 있어야 오해가 없는 행복한 코칭 대화가 되는 것이다. 그럼 세 가지 듣기 기술을 하나씩 살펴보자.

첫째는 사실(Fact)만을 듣는 것이다. 동서와 갈등이 생긴 상황에서의 사실(Fact)만을 들어야지, 생각을 함께 듣다 보면 왜곡된 사실을 듣게 되는 것이다. 왜곡된 사실은 오해를 불러오게 된다. 두 번째는 감정(Feel)을 듣는 것이다. 그 상황으로 인해 '지금 속상하고 힘들다'는 상대방의 개인적인 감정(Feel)을 듣고 그 마음에 진정한 공감을 하는 것이다. 세 번째는 의도(Focus)를 듣는 것이다. 말하는 사람이 어떤 의도(Focus)로 나에게 말하고 있는지를 파악하며 의도의 방향성을 듣는 것이다.

그날 나는 어머님 마음속에 원하는 것이 무엇인지, 어머님의 진짜 하고 싶은 이야기를 들어야 했지만 아쉽게도 듣지 못한 것이다. 말하는 사람의 진짜 의도와 바람. 언어 뒤에 숨겨진 이야기를 듣기 시작하면 소통은 미끄럼틀을 타고 노는 어린아이처럼 대화가 미끄럼을 탄다. 여기까지가 '3F 경청의 기술'이다. 그렇지만 코치는 하나를 더 들을 수 있다. 바로 조카의 옷을 사 온 어머니의 탁월성(Finesse)과 가치(value)이다. 말하는 사람의 보이지 않는 탁월성까지 들을 수 있을 때 그 대화는 긍정의 힘과 에너지를 발휘한다.

경청의 기술을 배운 후에는 사람의 '존재 가치'를 바라보는 눈을 뜨게 되었다. 상대 안에 있는 탁월성과 가치를 듣는다는 것. 참 매력적이지 않은가? 탁월성과 가치를 듣기 위해서는 상대방을 이해하는 진정한 힘이 필요하다. 상대를 이해한다는 것은 그가 가진 세계관과 문화, 가치관과 신념 등 모든 것을 있는 그대로 받아들인다는 뜻이다. 경청이란 이런 깊은 의미가 있는 것이다.

빨간 외투를 입고 빨간 부츠를 신은 어린이의 마음

코칭 과정에서 오늘의 기분을 색으로 물어보시는 코치님을 뵌 적이 있었다. 내가 빨강이라고 이야기하자 정열적이고 열정적인 분이시네요. 라고 칭찬을 하시는 것이다. 내 마음은 불편했다. 그날 코칭에서 나의 기분을 빨강으로 이야기한 건 설레고 순수하고 따뜻했던 작은 불씨와도 같은 하나님을 향한 나의 첫사랑의 마음을 표현하고 싶었기 때문이다. 그렇지만 아쉽게도 내 마음의 빨강 이야기는 하지 못했던 기억이 난다. 색깔의 힘은 우리가 남을 배려하거나 겸허함을 지니게 되는 순간 비로소 발휘하게 된다. 한 사람의 색채는 그 사람의 마음을 담고 있기 때문이다. 그때 비로소 아무 힘이 없던 색채는 마음이 깃든 언어가 되고 에너지의 회로가 되며 자신을 북돋아 주고 타인을 위로하는 힘을 낼 수 있게 해주는 것이다. 사람은 저마다 느끼는 색깔의 의미가 다를 수 있다. 그래서 우리는 한 사람의 마음의 이야기를 잘 들을 수 있어야 한다. 색깔마다 의미도, 이야기도 모두 다르다는 것을 이해하고 인정할 때 잘 들을 수 있게 되는 것이다. 진정한 존중이란 바로 상대방을 온전히 듣게 되는 것이다.

분모 색깔과 분자 색깔이라는 조금은 낯선 언어에 대해서 생각해 보자. 분모 색은 모두가 공통으로 인식하는 색이다. 예를 들어 '빨강'하면 우리는 대부분 자신도 모르게 위험 신호나 경고, 금지 등을 생각하게 되는데 이러한 것을 분모 색깔이라 한다. 분자 색깔은 그 색채에 대하여 내가 느끼는 개인적인 감정이다. 긍정적이거나 부정적인 자기만의 감정, 그 색이 나에게 주는 의미와 나만의 이야기를 의미한다. 따라서 코치는 상대방의 표현 중 공통의 분모 색깔뿐 아니라 선호하는 분자 색깔에 집중할 필요가 있다는 것이다.

나는 빨간색이 좋다. 어린 시절 원색 옷을 예쁘게 입혀주신 어머니에 대한 기억도 있지만, 추억 속 예쁜 사진들을 보면 빨간 옷이 참 잘 어울리는 나를 마주 보게 된다. 빨강의 이미지를 생각하면 많은 생각이 들지만, 문득 이런 생각을 해본다. 무엇이든 삼킬 듯이 활활 타오르는 강렬한 빨간 불이 아닌 추운 겨울날 사람들의 얼어버린 손과 발, 가슴 속 삶의 애환까지 녹여줄 수 있는 따뜻하고 훈훈한 모닥불이 되고 싶은 마음의 소망이 느껴진다.

내 마음 속에는 지금도 여전히 빨강 외투와 빨강 부츠를 신은 6살 어린이가 살고 있다. 당시 신학교에 다니시던 어머니는 어린 나의 손을 잡고, 매일 집 근처 지하철 입구에 서서서 계단으로 올라오는 사람들에게 전도지를 주셨는데, 그때 서초역 입구에는 한 개에 500원인 바나나를 파는 노점

상이 있었다. 엄마 손을 잡고 따라가 바나나를 한 개씩 먹는 일은 늘 기분이 좋았다. 그래서 바나나를 먹은 힘으로 큰 소리로 전도지를 돌리던 나를 떠올려 본다. 어른이 된 지금도 지하철 입구에 가면 엄마가 생각나고, 바나나와 빨강 외투를 입고 빨강 부츠를 신은 조그만 어린이가 생각나서 기분이 좋아진다. 요즘도 나는 기분이 울적해질 때 가끔 지하철 입구에 서 있는 나를 떠올려 본다.

> **셀프**: "너는 무슨 색을 좋아해?"
> **나**: "나는 빨간색을 좋아해."
> **셀프**: "너에게 특별히 빨간색이 주는 어떤 의미가 있는 거야?"
> **나**: "나에게 빨간색은 에너지야. 나의 능력을 발휘하게 하는 아주 특별한 힘."

이 글을 읽고 있는 독자분들, 당신에게도 어려울 때, 울적할 때 힘이 되는 마음의 색이 하나씩 있을 것이다. 그 색은 지금 나에게 어떤 이야기를 하고 있을까? 오늘은 잠시 조용히 내 마음에 귀를 기울여보면 좋겠다. 그리고 자신만의 힘이 되는 색깔의 이야기를 찾아보면 좋겠다.

감사는 또 다른 감사의 기적을 만든다

나는 현재의 어려움에 힘들어하는 고객을 만나면 감사 일기를 쓰도록 추천한다. 불안이 많아 일상의 어려움을 겪고 있던 한 청년 고객과 감사에 대해 나눈 대화이다.

> 고객: "매일의 일상이 너무 똑같아서 계속 감사 일기를 쓸 거리가 없어요".
>
> 코치: "일상이 너무 똑같아서 감사 일기를 쓸 거리가 없어요.라고 말하는 그 마음을 가만히 다가가 느껴보시겠어요? 혹시 무엇이 보이거나, 소리가 들리시나요?"
>
> 고객: "감사 일기를 써봐야 무슨 소용이 있어. 의심하는 제가 보여요."
>
> 코치: "그렇군요, 그럼 그 의심하는 마음이 바라는 것이 있는지 한번 물어볼래요?"
>
> 고객: "감사할 거리요, 저도 감사할 무엇인가를 하나라도 가지면 좋겠어요."

감사할 거리가 하나도 없어 도저히 감사 일기를 쓸 수 없다던 청년에게 받고 싶은 감사를 매일 한 개씩 적어보자고 하였다. 그런데 몇 주 후 청년이 와서는 받고 싶은 감사를 적었더니 받은 감사로 변했다며 자랑했다. 감사할 게 생각이 나지 않는다며 축 처져있던 어깨와 풀 죽은 눈빛은 어느새 반짝반짝 빛나는 눈빛과 자신감으로 가득 차올랐다. 고객의 변화와 성장에 함께 할 수 있다는 것, 나에겐 이 또한 감사인 것이다. 우리는 각자의 삶에서 '감사의 기적'을 누려야 한다. 감사 일기는 어떻게 써야만 한다는 생각에서 벗어나야 한다. 생각에서 벗어나면 형식에서도 자유로워진다. 감사 일기는 감사한 것만 쓰는 것이 아니라 앞으로 생길 감사에 대한 기대감으로 쓰는 것이다. 현재의 어두운 현실과 아픔보다 앞으로 다가올 감사의 시간을 그려보며 감사 일기를 써 보자. 지금 당장 감사의 씨앗을 일기장에 뿌려보자. 이것은 우리 삶에 놀랍고 큰 기적을 선물할 것이다.

2009년 사교육의 붐을 타고 영재교육기관을 오픈했다. 큰 기대로 시작한 나의 첫 교육 사업은 교육과정의 개정으로 불황기를 맞아 힘들어지기 시작했다. 전국의 모든 센터가 문을 닫기 시작했고, 그 과정에서 인내를 배우게 되었다, 하나의 문이 닫힐 때, 또 다른 새로운 문이 열리는 경험은 감사였다.

지금은 복지 사각지대를 위한 지역사회 서비스 투자사업 기관을 여러 개 운영하고 있다. 영재 아동들을 위해 준비했던 프로그램은 지역의 아동·청소년들을 위해 아낌없이 쓰이고 있으며, 보람과 가치를 느끼며 일하고 있다. 시군구 평가에 민감하지 못했던 2017년 품질평가 미흡 기관으로 시작하였지만, 3년 뒤에는 품질평가 전국 최우수기관이 되었고, 현재는 사회서비스 자문기관으로 위촉받아 다른 지역의 멘토의 역할을 하고 있다. 누구보다 기관들의 고충을 잘 이해하기에 좋은 지역사회 바우처 시스템과 문화를 만들어가는 데 앞장서 현장의 목소리를 내려고 노력하고 있다. 나의 실패가 감사가 되기까지 '그것 덕분에'라는 감사가 있었다.

누구에게나 주어지는 감사의 기적을 이 글을 읽는 모든 독자분들의 삶에서도 일어나기를 간절히 바라며, 미래의 받고 싶은 감사로 현재를 누리며

시는 삶을 추천해 드린다.

감정코칭은 부모-자녀 소통의 열쇠이다

아동. 청소년 상담코칭을 하다 보면 부모 상담 중에 여러 가지 에피소드가 생기곤 하는데 종종 "내가 낳은 자식이지만 도저히 이해할 수 없어요. 뭘 원하는지 모르겠어요"라는 이슈를 자주 접하게 된다.

"선생님 조금만 노력하면 될 것 같은데 우리 아이는 노력을 안 해요."

"아침마다 늦게 일어나서 바쁜데, 꼭 침대에서 함께 누워있자며 짜증을 내요."

"둘째 딸은 행동이 예쁜데, 첫째 애는 왜 그러는지 행동을 이해하지 못하겠어요."

"자녀가 사춘기 반항이 심해요. 어떻게 갈등을 해결할 수 있을까요?"

"선생님은 애를 안 키워 보셨으니 제 마음을 이해 못 하시겠네요." 20대 나에게 상담을 받으시던 어머님들이 하시던 말이다. 꼭 아이를 낳아서 그게 뭔지 알고 싶었던 나는 어느덧 17살 아들을 둔 엄마이자 20년 베테랑 교육사업가가 되었다. 어느새 센터의 학부모님들이 내 나이보다 점점 더 어려지고 있다. 그리고 나는 점점 더 익어가고 있다. 부모-자녀 코칭에서 소통 대화가 무엇보다 중요한 것은 모든 아이의 존재 가치가 다르고 부모-자녀 사이에 서로 바라보는 시각이 다르기 때문일 것이다. 부모가 자녀가 아님을, 그리고 자녀를 독립된 인격체로 바라보는 것이 무엇보다 중요하다.

"아빠가 이번에 수학 성적 잘 받으면 휴대전화 사주신대요. 우리 아빠는 꼭 뭘 잘 해야만 사주세요."

"악몽 꾸고 아침에 일어났는데, 엄마가 안아주면 하루가 편안해져요."

"왜 맨날 뭘 하기만 하면 혼나는지 모르겠어요. 그래서 그냥 가만히 있을 거예요."

"우리 엄마는 무조건 게임을 하지 말래요. 제 이야기는 듣지도 않으시고요."

아이들과 MBTI나 DISC 행동유형 검사를 통해 자신과 가족들의 성향, 행동, 언어방식이 모두 다름을 교육하다 보면 아이들은 너무나 재미있다며 깔깔대고 좋아한다. DISC 행동유형에 따른 아빠, 엄마 모델을 대입하여 이야기해주면 꼭 자기 아빠 같다며, 완전 우리 엄마라며 옆에 있는 친구들과 박장대소한다. 그리고 나중에는 "음…. 그래서 나랑 그렇게 말이 안 통했구나."라며 부모를 이해하게 되고 유형별 친해지기 비법을 이야기해주면 마치 마법의 상자를 열어 고대의 비밀을 알아낸 것처럼 기뻐서 집으로 돌아간다. '다름'을 이해하는 순간 우리는 "왜"라는 질문 대신에 "무엇을, 어떻게"라는 질문을 하게 되며 더욱 의미 있는 관계를 맺게 되는 것이다.

보이지 않는 미래에 대한 두려움, 늘 마주해야만 하는 관계에 대한 갈등과 의사소통의 어려움, 자녀 양육의 문제 등 우리는 일상에서 크고 작은 갈등과 두려움을 매 순간 느끼며 인생을 살아가고 있다. 두려움에 대한 감정이 생기는 건 아마도 앞으로 어떤 일이 생길지 모른다는 불안감 때문일 것이다. 불안은 다양한 감정의 형태로 나타나며 행동으로 연결된다. 자녀의 행동을 수정하기 위해서는 불안이 어떤 감정으로 나타나는지를 알아야만 하는 것이다.

코칭 중에 고객의 다양한 감정을 마주하면 나는 IFS(Internal Family Systems) 모델로 그 마음에 다가간다. IFS에서는 다양한 감정의 마음을 파트(내 마음 안에서 일어나는 감정의 한 부분)라고 부른다. 우리가 나도 모르게 모순되는 행동을 하거나, 감정의 변화가 자주 일어날 때, 그 마음은 내가 아니라 나의 작은 한 파트일 뿐이라는 것을 알게 되고, 마음 안에서 일어나는 다양한 감정을 이해하고 존중하게 된다. 그렇게 되면, 어떤 마음과 행동이라도 더 잘 인정하고 포용할 수 있게 되고, 나의 마음에 책임과 자율성을 가지기가 더 쉽게 되는 것이다.

그 결과 더 나은 모습으로 성장과 발전을 할 수 있게 된다. 이런 파트들을 돌보는 리더의 마음이 있다. 바로 마음의 리더인 셀프(참나)인데, 셀프는 용기가 있고 자신감이 있으며, 명료하고 연민과 사랑이 있어 스스로 치유하는 힘이 있다고 믿는다. 그래서 셀프의 마음을 강화하고, 셀프를 신뢰함으로써 인내심을 가지고 기다릴 수 있는 것이다. 코칭과 상담의 통찰력을 갖게 되었을 때, 고객의 성장과 변화를 더욱 잘 느낄 수 있었다. 자신의 외적인 행동과 내적인 마음까지도 이해함으로써 앞으로 나아갈 수 있는 긍정의 힘과 용기를 내는 고객들의 성장과 변화의 순간에 함께 하는 것은, 나를 계속 성장시키는 기쁨의 순간이 아닐까 싶다.

코치가 되어 좋은 것 중 하나는 '코치형 부모'를 주변에 확산시켜가고 있다는 것이다. 덕분에 우리의 자녀들의 마음에도 웃음꽃이 활짝 피어나고 있으면 좋겠다.

자녀 양육은 초보 엄마에게는 누구나 갖는 좌충우돌 이야기이다. 누구보다 자녀를 잘 키울 자신감이 충만했던 매니저 엄마였던 나는 아이가 5살부터 영어유치원을 시작으로 각종 대회와 교육청 영재반으로 아이와 함께 바쁘게 움직였다. 그 아들이 기숙 중학교에 입학하여 매니저 엄마 없이 자기주도학습을 시작했을 때 처음 느낀 좌절은 혼자서는 공부가 힘들다는 '자신감 하락'이었다. 그런 아들을 돕기 위해 매니저 엄마는 코치 엄마가 되어 아들과 코칭 대화를 시도하고, 적절한 도움을 줄 수 있었다. 어느덧 아들과는 사랑과 신뢰가 깊게 싹트기 시작하였다. 그것은 또 다른 감사의 선물이었다.

코치형 부모는 자녀의 꿈을 꽃 피운다

평범한 인재가 비범한 인재로 변화되는 하나님의 역사를 체험하는 학교, 100억의 지구촌을 섬길 크리스천 인재 양성의 비전을 품은 Global Vision Christian School의 자녀들을 향한 학교의 비전은 이제 자녀와 나를 향한 놀라운 비전이 되었다. 눈물로 보낸 이야기도 가득하지만, 되돌아보면 모든 것이 하나님의 은혜이고 감사이다. 그리고 현재 아들은 자신의 인생을 조금씩 부모에게서 독립해가고 있다. 자녀의 독립은 어떤 의미가 있을까? 자녀가 원하는 독립은 어떤 것일까?

십 대 자녀가 부모와 가족 그리고 다른 사람들과 건강한 상호 의존관계를 유지하면서 독립하도록 도와주는 것은 부모의 역할이다. 그리고 고객을 향한 코치의 마음이기도 하다. 그래서 나는 코치형 부모가 되어 누구보다 나의 자녀의 코치가 되어주기로 마음먹었다. 지금은 코치의 마음으로 함께 자녀의 성장을 응원해주고 있다. 십 대들이 원하는 독립은 무엇일까? 어른들과의 분리만을 이야기하는 것은 아닐 것이다. 우리가 살아갈 세상에서 자기 결정과 자기 책임에 대한 역할을 잘 감당해 내길 원하는 진짜 독립일 것이다. 그것은 온전한 개인으로의 성장일 것이다.

오늘날 성공하는 자녀를 키우고 싶은 모든 부모에게 질문하고 싶다. 자녀가 성공했다는 그림은 어떤 이미지가 떠오르세요? 코치형 부모는 어떤 부모일까요? 어렵지만 쉬운 방법은 진정한 코치가 되는 것이다. 자녀와 항상 존중하는 마음으로 이야기하고 자녀의 상황을 잘 이해하기 위해 잘 들으려 노력하며, 진정한 공감을 통해 서로의 감정을 온전히 느끼고, 구체적이고 명확한 인정과 칭찬과 격려로 자녀를 지지해주고자 노력하는 것이다. 더 나아가 나의 자녀가 진짜 원하는 것이 무엇인지, 보이지 않는 탁월함과 가치를 찾아주고, 자신의 진로의 방향에 책임감을 느끼며 나아가도록 최고의 동반관계를 이루는 것이다. 이것이 코치형 부모의 모습이 아닐까?

초등학교 졸업 때까지 부지런한 매니저 엄마를 두었던 아들은 이제 엄마가 일정을 관리하는 대신 서툴지만, 아침마다 스스로 자신의 하루를 계획한다. 한 달의 계획을 넘어 더 훗날의 미래를 계획하고 있으며 매일 자신의 하루를 관리하고 새로운 책임감을 느껴가며 목표한 바를 조금씩 이뤄나가고 있다. 한 걸음 한 걸음 자신의 인생을 독립적으로 주체적으로 살아가고 있다. 그렇게 스스로 한 단계씩 성장해가는 그 모습을 바라보고 응원하는 나의 마음은 언제까지나 이유가 충분한 기다림이다.

사랑스러운 자녀를 위해 지금 무엇을 대신해 주고 있는가? 이제 그게 무엇이든 멈추고 자제해야 할 것이다. 부모인 우리는 사랑스러운 자녀가 언젠가는 독립된 자신의 인생을 살아가야 함을 받아들이고 인정해야만 한다. 자녀가 스스로 자신의 인생을 준비하도록 곁에서 도와야만 하는 것이다. 물론 시행착오도 있고, 더 큰 실패도 있을 것이다. 그렇지만 우리의 인생에서 그렇게 바라봐주신 하나님 아버지의 마음으로 우리의 자녀를 바라보며 꼭 안아주고 격려해 주어야 할 것이다.

코치형 부모는 사랑하는 자녀의 사생활을 존중하고 자유와 책임을 부여하는 것이다. 자녀가 가진 잠재력을 발휘하도록 곁에서 돕고, 작은 일부터 하나하나 성취해나가며 더 큰 인생의 목표를 향해 나아가도록 지지하는 것이 아닐까? 진정한 사랑과 지지를 받은 자녀는 자신의 인생을 꽃피운다. 오늘부터 우리 아이들의 행동에서 긍정적인 것이 조금이라도 보인다면 그것에 대해 아주 구체적으로 칭찬해주자. 우리는 코치형 부모이다. 자녀가 행복한 자신의 인생을 꾸려나가는 능력을 갖추도록 돕는 멋진 파트너이다. 자녀의 멋진 파트너코치는 바로 우리 부모 자신이다.

사랑이라는 나의 가치를 실현하게 하는 힘

초등학교에 입학하여 부르던 동요 중에 '당신은 누구십니까?'라는 동요가 생각이 난다. 그때는 뭐가 그리 신나고 즐거운지 큰 소리로 모두가 함께 노래를 부르며 웃음소리가 교실을 떠나지 않았다. 모두가 자신의 이름을 자신 있게 소개했다. 내 이름이 예쁘고 자랑스러웠다. 꿈도 많았다. 각자의 꿈을 말하며 모두가 그 꿈을 향해 함께 달려가자고 응원했다. 그렇게 우리는 누구보다 호기심 많고 용기 있는 어린이였다. 어른이 된 지금 나는 무슨 꿈을 꾸고 있는가? 나를 어떤 사람이라고 설명할 수 있는가? 다시 한번 아름답고 멋진 나의 이름을 찾는다면 어떤 기분이 들까?

셀프: "그럼 앞으로 어떻게 너의 가치를 실현하며 살고 싶어?"
나: "어릴 적 받았던 종합 선물 세트 과자 꾸러미가 생각난다, 양손 가득히 과자 꾸러미를 선물 받으면 기분이 참 좋았었지. 꾸러미에서 과자를 하나씩 꺼내 친구들과 함께 나누어 먹으면 더 행복했고."
셀프: "종합 선물 세트 과자와 너의 가치가 어떻게 연결되는데?"
나: "기쁨, 사랑, 행복으로 연결되는 거 같아."
셀프: "기쁨, 사랑, 행복이 너의 가치와 연결되는 거야?"
나: "응, 내가 어릴 적 빨강 부츠 어린이가 느낀 기쁨과 사랑 그리고 행복."
셀프: "지금 너의 기분이 어떤지 정말 궁금하다."
나: "지금 기분은 말이야. 진짜 행복이야. 고마워! 덕분에 행복을 찾은 것 같아."
곰곰이 생각해 보니, 코칭과 상담 그리고 그동안 나의 삶의 여정 가운데 배운 경험이 이 모든 과정이 소중한 분이 나에게 건네는 풍성한 종합 선물 세트 과자 꾸러미 같다.
셀프: "그럼 넌 네 손에 있는 과자 꾸러미를 어떻게 하고 싶은데?"

나: "난 두 손 가득 나에게 과자 꾸러미를 전해 준 그분의 마음을 깊이 생각해 봐.

그러면 자꾸 나누어 먹고 싶어지고, 나누면 함께 행복해지지 않을까 싶어져서."

셀프: "함께 행복함을 꿈꾸는 너는 스스로 어떤 사람이라고 생각하니?"

나: "음, 나는 누군가의 성장과 발전에 동행하며 행복해하는 사람이 아닐까?"

셀프: "누군가의 성장과 발전에 행복해하는 사람? 그런 마음과 가치를 느끼다니, 너무 따뜻하게 느껴지는 것 같아. 인생 중반에 가슴 속 깊이 품은 너의 따뜻한 소망과 비전이 아름답게 실현되도록 온 마음을 다해 응원하며 지지할게."

인생의 맛을 풍미롭게 표현하고 싶어 '맛깔 코치'라고 스스로 닉네임을 선물했던 나는 '맛깔난(사람의 마음을 당기어 끄는 힘이 있다)' 사람이 되어 있는 나 자신을 마주하며 행복을 느낀다.

저도 코치가 되고 싶어요. 맛깔 코치가 되려면 어떻게 해야 하나요? 누군가 나에게 물어온다면 그 질문의 답은 맛깔 코치와 함께 삶의 여정 속으로 동행해 보자고 말하고 싶다. 그리고 그 여정에서 당신만의 '자기다움'을 찾아가는 친밀한 누군가와의 동행을 느껴보라고 말할 수 있을 것이다. 변화무쌍한 세상에서 다양한 가치관과 문화 그리고 각자의 가치와 신념이 존중받고 함께하는 이곳에서 분명한 소명과 정체성을 가지고 '가장 나다운' 삶의 여정을 향해 갈 것이다. 당신은 현재 누구와 동행을 하고 있나요? 그리고 어떤 맛(경험, 느낌, 기분)을 찾으셨나요?

코칭에 대한 나의 사랑

윤상철 코치
윤상철 코치는 한국코치협회 KAC 코치, 5R Coaching Leadership FT, 국제코치연맹(ICF) APCC코치, NLP Master Practitioner Coach, MBTI와 에니어그램 전문 강사로 활동중이고, 미국 목회심리치료협회(AAPC) 임상전문가(PCS)이며, 캐나다 Canada Christian College 연구교수로 활동 중이다.
E _ yoonbible@hanmail.net

인생은 도전이다. 도전하는 자만이 새로운 맛을 느끼고, 영원한 청춘을 누린다. 또한 스릴을 만끽하기도 한다. 그래서 동년배들은 남은 삶을 편안하게 보내려는 많은 계획들을 구상하는 시기에 새로운 도전을 시도해보기로 했다. 코칭이라는 매력이 미소를 지으며 나를 유혹했기 때문이다. 사람들은 각자가 나름대로 의미 혹은 가치 있는 일에 관심을 가진다. 이런 차원에서 코칭은 나에게 매우 의미 있고, 시간과 열정을 투자할 만한 가치가 있다고 생각되어 도전했다. 코칭은 상담과 함께 쌍둥이 형제와 같아서 사람을 살리고, 그가 속한 조직을 살리면서 존재가치를 새롭게 발견하게 하는 힘이 있기 때문이다. 따라서 사람들이 자신의 존재가치를 의식하면 삶의 목표가 바뀌게 되고, 삶을 대하는 태도가 달라지는 모습에서 보람을 갖게 하는 희열과 감사를 느끼게 한다.

이런 교훈은 자연에서도 만난다. 자연의 법칙은 시작이 있으면 반드시 마침이 있다. 이렇듯이 우리 삶에도 출생(birth)이 있으면 죽음(death)이 있기 마련이다. 이 과정에서 우리는 어떤 일을 함에 있어 매 순간 선택(choice)을 하게 되는데 이때 중요한 것은 태도(attitude)이다. 태도에 따라 그의 삶의 방향이 달라지기 때문이다. 빅터 프랭클은 「죽음의 수용소에서」, "인간에게서 앗아갈 수 없는 단 한 가지가 있다면 주어진 삶에 대한 태도"라고 했다. 그만큼 우리의 삶에서 태도는 매우 중요한 가치이다.

코칭은 삶의 과정에서 최선의 선택과 올바른 삶의 태도를 통해서 그의 삶이 축복이 되도록 돕는 역할을 하기 때문에 매력을 가지며, 남은 열정을 투자할 만한 가치가 있다고 보고 코치의 길을 선택했다.

코칭에 대한 나의 비전

모든 학문이 완벽할 수는 없고, 태양 아래 새것이 없는 것처럼 코칭이라는 학문도 예외는 아니라고 생각한다. 하나의 학문으로 자리 잡기 위해서는 많은 시간과 시행착오들을 통해서 완성해간다. 코칭은 1980년 미국의 토마스 레너드(Thomas Leonard)라는 재무 설계사에 의해 구조화된 대화 방법으로 출발한 후 1995년 국제코치연맹(ICF)이 설립되고 한국은 2003년 한국코치협회(KCA)가 발족 되었다. 그만큼 다른 분야에 비해서 역사가 짧다. 그럼에도 불구하고 코칭으로 국민 행복 지수를 높인다는 미션과 함께 K-코칭문화 확산, 인증 코치 육성 및 역량 강화, 코칭 일자리 창출, 그리고 코칭 산업발전이라는 4대 전략으로 현재 우리나라에서는 만 명이 넘는 코치들이 각 분야에서 열심히 활동 중이다. 이는 코칭을 받는 사람들에게 미치는 파급력이 그만큼 크다는 것을 증명한다.

한 가지 아쉬운 점은 코칭의 학문적 배경을 상담심리 이론가 아들러의 진실성, 무조건적 긍정적 존중과 공감적 이해와 스스로 해답을 찾을 수 있는 인간의 능력을 인정하는 데서 그 기원을 연결해보려고 하지만 지금이라도 코칭에 대한 학문적인 배경을 분명하게 정립해서 독자적인 뿌리를 내리는 것이 중요하다고 본다.

그럼에도 불구하고 코칭에 대한 나의 비전은 코칭의 기술들을 충분히 익혀서 교회에 접목시키는 코칭 전도사가 되고자 한다. 오래전 완도에서 목회하는 친구가 셀 목회를 도입하고자 전 교우들을 대상으로 MBTI 워크숍을 부탁한 적이 있다. 수요일 저녁 예배 시간과 그다음 날 온종일 진행한 내용으로 원하던 셀 목회가 자리하게 되었다. 그 결과 그는 초교파적으로 유명 인사가 되었고, 전국적으로 탐방 대상이 되기도 했는데 그렇게 된 배경으로 나를 소개했다.

마찬가지로 매우 보수적인 교회들을 대상으로 코칭과 상담 그리고 NLP와 각종 심리검사 도구들을 동원하여 교회 지도자들의 잠재된 역량을 깨우고 남이 갖지 못하고 보지 못한 통찰력을 통해서 하나님 나라의 확장을 위한 교회 성장과 목회의 질적 변화 그리고 성도들의 의식확장을 돕고 싶다.

교회는 세상의 어떤 조직체보다 탁월한 역량을 재능으로 부여받은 특별한 조직체이다. 그 탁월한 역량은 하늘에서부터 부여받은 영감(inspiration)으로 새로운 아이디어나 창의적인 해결책 등을 찾기 위한 출발점으로 사용되는 개념적 이해를 넘어 잠재된 의식과 통찰력 그리고 재능들을 동시에 일깨우는 강력한 힘을 가진다. 그럼에도 불구하고 기계적이고 일방적인 주입식 교육에 길들여진 학습문화의 결과로 이런 탁월한 역량들이 그 진가를 발휘하지 못하는 안타까움을 느낀다. 그렇기 때문에 코칭의 핵심인 질문과 경청 그리고 피드백을 통한 자기 발견과 셀프리더십을 통해 생생한 생명력을 갖도록 하고 싶다.

이런 면에서 기업도 마찬가지다. 수직적이고 성과 달성에만 몰입되어 있는 기업의 문화를 자극하는 코칭 질문을 통하여 본질을 회복하게 하고 싶다. 이 과정에서 통찰력을 통해 관리자들의 의식을 전환시켜 그들의 역량이 역량 되게 하고, 참여하는 구성원들 역시 자신의 존재 의미를 발견하게 하므로 그들 속에 잠자고 있는 비전과 미션이 살아나게 하고 싶다. 특별히 크리스천 중소기업을 도와 하나님 나라 확장에 기여하고 싶다. 어느 날 코칭을 받은 고객에게 이전의 나와 코칭 받은 이후의 나를 비유적으로 표현해달라고 하자 방향을 잃은 쇠똥구리가 하늘을 나는 독수리가 된 기분이라고 했듯이 교회와 크리스천 기업이 이런 변화를 경험하게 하고 싶다.

이렇게 하면 '천천히 그러나 확실하게'(slow but surely) 나의 비전을 이루어 갈 것이라 기대가 되어 설레고 마음이 급해진다. 이 일을 위하여 열심히 코칭 기술들을 익히고자 코칭 실습에 몰입 중이다. 지금은 코칭에서 가장 기본이 되는 5R 코칭 질문을 체득화시켜 자유자재로 적응하면서 피드백을 통해 개선하려고 발버둥 치는 신병이다. 신병의 특징이자 특권은 훈련 중 실수를 해도 부끄럽지 않은 것이다. 모르는 것을 배워가는 중이기 때문이다. 배우는 과정에서는 많이 실수하는 사람이 많이 배울 수 있어서 용기 있게 다가서고자 한다. 그래야 목표도 빨리 이룰 수 있지만 중요한 것은 실전에서 그만큼 실수가 줄어들기 때문이다.

그러다 보면 코치협회에서 요구하는 시간도 채워지고 이루고자 하는 목표도 도달할 것이다. 지금은 군에 막 입대하여 기본 훈련을 마친 신병이 빛나는 이등병 계급장을 달고 자대에 배치된 기분으로 걱정 반 불안 반이지만 서서히 적응해가는 나 자신을 보며 재미를 느끼고 자신감을 갖는다. 시간이 지나다 보면 일병이 되고 가장 중추적인 역할을 하는 상병이 되어 초년병같이 나의 길을 걷는 또 다른 사람들을 지지해주고 도울 수도 있을 것이다. 그날을 기대한다.

코칭의 핵심 가치

사실 코칭의 매력에 손을 내민 것은 오래전의 일이다(2007년). 각 분야에서 나름대로 전문가로 활동하던 분들이 에니어그램에 대한 관심을 가지고 거의 1년 동안 매월 정기적인 모임을 통해서 에니어그램과 NLP에 대하여 자체 세미나를 가졌고, 그 연속선에서 영문판으로 된 경영학 "Developing Management Skills"을 번역하여 발표하는 가운데 '상담과 코칭'이라는 주제를 발표하면서 코칭을 접하게 되었다. 이런 자체 세미나를 통해서 지금의 한국에니어그램협회가 발족하게 되었다.

그러나 본격적으로 코칭에 입문하게 된 것은 따로 있다. 늘 가까이 있으면서 상담학계의 동료이면서 나의 에너지원으로 지지와 격려를 아낌없이 베풀어주는 존경하는 후배 김 교수의 강력한 흡입력에 빨려 들어가 걸음마를 시작했다.

사람들은 일생을 살아가면서 나름대로 삶의 전환점을 가지게 마련인데 어떤 사람은 뜻하지 않던 고난을 통해서이고, 어떤 사람은 새로운 환경에 처하면서이지만 나에게 있어서는 학문의 동반자를 통해서 인생의 느지막한 시기에 또다시 열정과 투지를 가지게 된 것만으로도 감사하고, 축복이라 여긴다.

오래전이다. 죽음 준비 교육에 몰입되어 다양한 분야의 전문가들로부터 죽음에 대한 이해와 죽어가는 사람들의 심리, 그리고 우리 사회가 죽음에 대하여 어떤 관점을 가지고 있는가 등에 대하여 배우고, 또 많은 서적을 대하면서 한국교회 차원에서 이 운동을 펼치는 중이다. 사람들은 죽음에 대하여 부정적인 시각을 가지며 '부정 본능'에 사로잡혀 있다. 그러나 죽음 준비 교육의 핵심은 '당하는 죽음이 아니라 맞이하는 죽음을 준비하자'라는 죽음에 대한 태도를 강조하는데, 이것은 곧, 잘 살자는 것이다.

마치 가을의 아름다운 단풍이 있기까지는 여름을 잘 지냈기 때문이고, 또한 봄이라는 시작의 계절을 아름답게 출발했기 때문에 가능한 것과 같다. 그렇다면 잘 살기 위해서는 코칭의 핵심 가치인 자신의 존재가치에 대한 분명한 자기 발견 혹은 자기 선언이 필요하다. 이런 부분이 코칭의 핵심이라는 것을 발견하면서 너무 좋았다. 이외에도 의사결정, 대인관계 능력 촉진, 의지력 강화, 생산성 향상, 그리고 인생의 만족도 향상은 코칭의 핵심으로 행복한 사회건설에 커다란 기대심리를 가지게 한다.

이런 코치의 사명을 위하여 한국코치협회에서는 코치로서의 8가지 역량을 겸비하도록 했는데 곧 코치로서 윤리실천, 자기인식, 자기관리, 전문계발이다. 그리고 코칭에서는 관계 구축, 적극적인 경청, 의식 확장, 성장지원을 강조한다. 얼마나 멋진 철학인가!

코칭을 학습하는 도중에 ICF(국제코치연맹) 코칭 핵심역량 심화 교육이 강화도에서 한 주간 집중적으로 진행되었다. 많은 기대와 설렘으로 참석했다. 국내에서는 먼 지방에서, 해외에서는 말레이시아와 호주 그리고 미국에서도 참석했다. 대부분 처음 만나는 분들이었지만 코칭이라는 공통분모를 통해서 친밀감과 기대감 때문인지 오래전부터 잘 아는 지인처럼 가까워질 수 있어서 좋았다.

코치가 되기 위해서는 다양한 코칭 사례들을 접하면서 코칭을 받는 고객들의 삶의 변화를 이끌어야 하는 코치의 역량과 코칭 스킬에 대한 부지런한 준비가 있어야 한다는 서론으로 시작해서 시간마다 코칭 스킬과 더불어 코치의 역량에 대한 집중 강의가 진행되었다.

이 강의를 통해서 스킬을 집중적으로 다루는 다른 학문 들에 비하여 코치의 자질에 대한 구체적이고 전문적인 내용들을 접하면서 마치 울창한 숲길에 들어서서 산책하는데 나무 하나마다 특징과 역사 그리고 그 나무를 육성하는데 필요한 내용들을 소개받는 기분이었다. 이것은 마치 생명을 다루는 의사의 스킬도 중요하지만, 그 생명을 대하는 의사의 자질에 대한 전문적인 안내와 훈련장이기도 했다. 이 과정을 통해서 코치의 사명, 비전, 그리고 자세가 무엇보다 우선되어야 함을 자각했다.

나는 신학을 공부한 상담가로서 오랜 시간 동안 심리학 이론들을 공부하면서 깨달은 것이 있다. 성경을 가르치는 목회자들이나 심리학 교수들이 간과하는 공통점은 성경 본문이나 상담심리에 대한 저자들의 삶에 관한 이야기는 축소하고 내용소개나 스킬에 집중되고 있다는 점이다. 즉, 어떤 성경을 가르칠 때 그 성경을 저술하게 된 역사적 배경과 저자의 삶의 신념이 생략되기도 하고, 상담이론에서는 상담 스킬에만 집중되고 있다는 것이다. 그러나 어느 날 깨달은 것은 성경 본문도 중요하지만, 그 성경의 역사적 배경은 더 중요하고, 상담 스킬도 중요하지만, 그보다 더 중요한 것은 그 이론을 주장하는 학자들의 삶이었다. 그래서 어떤 상담이론을 강의할 때 최소한 그 이론을 주장하는 학자의 삶에 대하여 충분한 관심을 가지도록 강조한다. 어떤 배경에서 성장했고, 누구에게 어떤 영향을 받았는가를 알게 되면 그 이론을 쉽게 이해할 수 있기 때문이다.

이런 배경에서 코칭을 하는 코치들의 국제코치연맹(ICF)에서 강조하는 핵심 가치는 코칭 마인드와 책임, 존경, 성실, 능력 및 우수성이라는 키워드로 요약된다. 좀 더 부연하자면 코칭의 전문적인 수준을 올려야 하는 코치의 전문성, 사회적 연결과 커뮤니티를 개발해야 하는 협력, 다른 사람들에게 인간적이며 친절하고 자비로우며, 존중해야 하는 인간성, 그리고 공정한 절차를 실천할 수 있도록 다른 사람들의 필요를 이해하고 탐구하는 코칭 마인드가 코치들의 신념으로 자리해야 한다는 것이다. 어쩌면 간호학 공부를 마치고 나이팅게일 선서를 하는 간호사들이나, 의학 공부를 마치고 히포크라테스의 선서를 하는 의사들의 정신과 같다고 여겨진다.

이처럼 한 주간의 집중 강의는 코치의 자질향상에 집중되고 있었는데 이 가운데서도 가장 인상 깊이 남은 핵심적인 내용은 코칭 받는 사람들의 존재가치를 찾도록 돕는 것이었다. 존재가치는 빅터 프랭클이 모진 '죽음의 수용소'에서 강조한 태도와 함께 생명의 의미와도 같다. 자신의 존재가치에 대한 의식을 가진 사람들과 그렇지 못한 사람들과의 차이점을 서술했던 프랭클의 심오한 경험적 진리가 코칭에서도 강조되고 있었다. 사실 나는 오래전부터 각 개인의 이름 속에 담긴 존재가치를 역설하던 중이었기 때문에 더욱 반가웠고, 그만큼 관심도가 높아졌다.

오래전 NLP를 배우던 중 있었던 한 장면이 떠올랐다. 가장 젊은 참여자 한 분이 자신의 정체성 혼란을 겪고 있을 때 강의를 진행하던 강사가 그를 대상으로 정체성에 관한 내용으로 데모를 진행했다. 그러자 정체성 혼란을 겪던 그는 울기 시작하면서 이제야 내가 누구인지를 알게 되었다며 감사를 전하는 장면이다. 이만큼 존재가치 발견은 대단한 힘을 가진다. 존재가치는 곧 자기의 삶을 어떻게 살 것인가에 대한 통찰의 힘을 갖기 때문에 삶의 전환점으로까지 이르게 할 수 있다. 그래서 코칭의 매력에 빠진 것이고, 이런 매력으로 많은 사람에게 도움을 주고 싶은 것이다.

코칭의 집중 훈련을 마친 이후 줌(zoom)을 통해서 워라벨 라이프 코칭(work & life balance coaching)이 진행되었는데 신앙생활에도 적용할만한 많은 내용을 접하게 되어 반가웠다. 새롭게 학습하여 유익했던 것은 소위 '강력한 질문'이라는 별칭이 붙은 의식 확장을 위한 질문이다. 보다 깊고, 보다 넓고, 보다 구체적이고, 보다 높게 접근하는 강력한 질문들을 통해서 이전보다 더 많은 의식 확장과 스스로의 문제해결 능력을 키워나가도록 돕는 기술들을 접하면서 이런 내용이 우리 교육현장에 속히 접목되었으면 하는 바람이 생겼다. 우선 교회 교육에서부터 시작되었으면 더 좋겠지만…….

이런 매력에 힘입어 상대방의 의식 확장을 높이기 위해 '시대와 사람을 읽는 통찰력'이란 책을 한순간에 읽으면서 사람들의 마음에 잠재된 통찰력의 중요성과 통찰력을 얻는 방법들에 대한 깊은 깨달음이 많은 도움이 되었다.

코칭에 대한 나의 사랑

중학교 시절을 회상해본다. 교생실습으로 영어 과목을 가르치던 여선생님을 대상으로 몇몇 학생들이 경합이 붙었다. 누가 먼저 선생님이 집에 초대되어 식사하느냐이다. 사춘기 시절이라서인지 경쟁자들 모두가 신경전에 들어갔다. 선생님을 좋아하다 보니 자연스럽게 관심을 끌기 위해서 어떤 과목보다 열심히 하였다. 그 결과 경쟁자들을 물리치고 그 선생님의 관심을 끄는 데 성공했고, 선생님의 집에 초대되어 맛있는 식사를 대접받았다. 그 기쁨은 말로 표현하기 어려울 정도였다. 그뿐 아니라 그 선생님이 교생실습을 마치고 대학으로 돌아간 후에도 얼마 동안 편지까지 주고받는 사랑과 관심을 독차지했다. 지금도 그때를 회상하면 짜릿하고 기분이 좋아진다. 목표를 달성했기 때문이다.

내가 중학교 시절 영어공부에 몰두했던 것은 영어를 가르치는 여선생님의 관심을 독차지하고 싶었던 것이 동기유발이라면, 코칭에 매력을 가지고 열공하도록 하는데 가장 중요한 이유는 우 대표님의 코칭에 대한 철학 혹은 신념 때문이다. 강의 시간에 하신 내용을 여기에 옮기기에는 부적절하지만, 그분의 코칭에 대한 신념을 접한 후 나름대로 신선한 충격과 감동을 곰곰이 되새기면서 감사와 지지 그리고 존경을 표하는 글을 보낸 적이 있다. 그 핵심은 이렇다. 일반적으로 기업을 이끄는 경영자들은 수입을 극대화하는데 최종 목표로 삼지만, 그것을 초월하여 코치가 가져야 할 자세를 보여주셨고, 몸소 실천하고 있음을 느낄 수 있었다. 그래서 이후로 코칭에 대한 내 생각도 많이 달라졌으며, 왜 코치가 되어야 하고, 코치로서 어떤 신념으로 고객들을 대하여야 하는지에 대한 생각이 정립되었다. 즉 중학생이라는 사춘기 때는 여선생님의 관심을 끌기 위해 그분의 과목을 열심히 공부했다면, 인생 느지막한 시기에 코칭에 대한 나의 사랑은 나에게 코칭을 전수해주는 분의 삶의 철학과 신념이 나로 하여금 코칭 사랑으로 끌어당긴 것이다.

이처럼 사람은 평생을 사는 동안 나름대로 삶의 전환점을 가지게 마련인데 글을 쓰면서 스쳐 지나가는 것은 송대관의 노래 '네 박자'이다. '네 박자 인생'은 of, with, by, for라는 전치사로 요약할 수 있다.

첫 번째, of는 내 삶의 주인은 누구인가? 즉, 내 삶의 주체성 또는 정체성을 확립하는데 가장 많은 영향을 받은 인물의 영향을 말한다. 이런 좋은 사례로 성경에서 사도 바울은 모든 서신 들 첫머리에서 "예수 그리스도의 사도 된 나 바울은…"을 언급한다. 바울은 예수의 영향력이 가장 컸고 따라서 예수를 위해 자신의 모든 삶의 방향과 에너지를 쏟을 수 있었던 것은 of에 대한 분명한 태도 혹은 신념이 정립되었기 때문이다.

두 번째로, with는 나의 삶을 누구와 함께할 것인가라는 만남과 관계를 의미한다. MacDonald Gordon은 "당신의 영적인 열정을 회복하라."(Renewing Your Spiritual Passion)에서 나에게 영향을 미친 사람들의 유형에 관해서 설명한다. VRP(Very Resourceful People)로 나의 열정에 불을 붙이는 아주 생산적인 사람들로써 이들을 만나면 자신감이 생기고 새로운 가능성을 발견케 하는 멘토(mento)들이다. 그다음은 VIP(Very Important People)로 나의 열정과 부흥을 나누는 중요한 사람들인데 성경에서 바나바는 바울에게 있어서 VIP였고, 여호수아에게 있어서 갈렙이 VIP였다. 이들은 영적인 수준이 비슷하면서 함께 성장하는 사람들이다. 그 다음은 VTP(Very Trainable People)인데 이들은 내가 가진 영적인 열정을 붇드는 사람으로 성경에서 바울과 디모데, 엘리와 사무엘, 엘리야와 엘리사와의 관계로 스승과 제자 관계를 말한다. 그리고 VNP(Very Nice People)는 우리의 열정을 즐기는 그저 좋은 사람들이고, 멋진 사람들이지만, 이들은 우리의 헌신과 열정을 지켜보면서 즐기는 사람들일 뿐 훈련을 받거나 헌신하려 하지 않는 사람들이다. 마지막으로 VDP(Very Draining People)인데 이들은 나의 영적 열정에 악영향을 미치는 사람들로 언제나 불평을 말하고 끊임없이 비판하면서 징징거린다. 또한, 이들은 공동체의 리더들을 아주 힘들게 하며, 쉽게 탈진하게 한다. 그러므로 삶의 가장 큰 복은 좋은 만남이다.

네 박자 인생에서 세 번째 단어는 by이다. 무엇에 의해 사는가? 즉 삶의 방법과 수단을 말한다. 어떤 사람은 빵 때문에, 어떤 사람은 성적인 즐거움에 사로잡혀 자신의 삶을 낭비한다. 그러다가 그것의 올무에 걸려 스스로 삶을 망가뜨리는 경우가 많다. 삶을 살아가는 수단이 목적이 되면서 삶의 가치가 엉켜버린 경우들이다.

마지막으로 인생 네 박자는 for이다. 무엇을 위해 사는가? 삶의 궁극적인 질문이다. 삶은 언제나 우리에게 질문을 던지고 우리는 그 질문에 답을 해야 하는 책임이 있는 존재들이다. 톨스토이의 「사람은 무엇으로 사는가?」라는 책에서 이 문제에 대한 시원스러운 답을 준다. 어느 날 하나님께서 천사에게 인간 세상에 내려가 세 가지 질문에 대한 답을 찾아오라고 하신다. 인간의 내부에는 무엇이 있는가? 인간이 모르고 사는 것은 무엇인가? 그리고 인간은 무엇으로 사는가? 이다. 여기에 대한 답은 인간의 내부에는 '사랑'이 있고, 인간이 모르고 사는 것은 '자신이 언제 죽을지 모르고 산다'는 것이고, 마지막으로 인간은 '사랑'으로 산다는 것을 오랜 시간 동안 인간 세상을 경험하면서 찾아낸 해답이었다.

진정한 인간다운 삶이란 of를 통해 자신의 삶을 주체적으로 살아가는 의식을 가지고, 이 의식으로 with에서 삶의 진정한 동반자를 만나고, by를 통해서 삶의 방법을 찾으며, for를 통해서는 사람의 사명과 비전을 실천해야 하지 않는가?

그렇지 못하면 고난이라는 역경을 통해서 삶의 전환점에 이르게 하는 창조주의 섭리를 본다. 성경에 소개되는 야곱은 얍복강에서 고관절이 부러지는 장애를 통해서, 사울이라는 청년은 다메섹에서 3일 동안 소경이 되어 죽음의 두려움에 갇혀 있으면서 삶의 전환점을 맞이했다. 즉 이들은 고난이라는 극한 상황을 통해서 삶의 신념과 태도가 전환되었다. 그러나 배움을 좋아하고 끝없는 배움에 대해 도전을 하도록 하나님은 나로 하여금 오래전 스쳐 가던 코칭을 다시 만나도록 하신 것도 VTP를 통한 축복의 통로라 여겨진다.

아직 코칭을 접해보지 못한 분들이나 이제 막 코칭을 시작한 분들에게 이 글을 통해 코칭에 대한 용기와 자신감을 나누고 싶다. 코칭이 무엇이고, 어떻게 해야 잘 할 수 있을까 하는 학습 방법이나 코칭의 역할 등에 대해서…

이 글은 오랜 시간을 걸쳐서 작성했다. 이 글의 초고를 작성하던 몇 개월 전만해도 훈련을 마치고 자대에 갓 배치된 신병과 같았고, 숲이 울창한 낯선 곳에서 길을 찾던 등산객과도 같았다. 그러나 배움에 대한 열정과 집념으로 모든 일상에서 가장 우선적인 목표를 정한 후 미친 듯이 열심히 공부했다. 「ICF코칭핵심역량심화」 교재를 다시 정독하면서 좋은 질문들을 내 것으로 만들고, 걷는 운동을 하면서도 코칭 실습과 관련된 동영상을 듣기도 하고, 주기적으로 동료들 혹은 선배 코치들과 코칭 실습을 반복하는 과정에서 피드백을 받아 수정하는 지속적인 훈련으로 다듬고 또 다듬어 가는 연마술을 익혀갔다. 아직도 멀었지만, 이제는 마치 서랍 정리가 끝난 것 같은 기분과 자신감을 가지게 되었다. 이런 자신감으로 코칭을 함께 배우는 동기들을 대상으로 실제 코칭을 하고 피드백을 받는 코칭 과정의 마지막이면서 코칭의 꽃이라 하는 슈퍼비전을 우수한 성적으로 통과했다.

슈퍼비전을 통한 피드백은 상상 의외의 반응이었다. '이 정도면 바로 PCC라고 생각했다'라며 격찬의 피드백이었기 때문이다. 모든 항목마다 좋았던 점과 만점을 주시면서, '이제부터는 망설이지 말고 바로 코칭을 시작하라'라면서 너무너무 좋아하셨다.

나는 이 피드백을 코칭 할 때마다 앵커링으로 활용해서 자신감 있는 코칭을 하려고 한다. 열정과 추진력 그리고 인내의 결과와 함께 많은 시간을 할애하면서 나의 코칭 연습과 피드백을 위해 동료들과 선배 코치님들의 도움들이 모여 짧은 시간 안에 쾌거를 가져왔다. 이런 에너지로 이젠 KPC와 PCC를 향한 도전을 시작한다.

나가는 말

새로운 길을 선택하는 것은 쉽지 않은 일이다. 코치의 길을 선택할 때만도 나를 잘 아는 지인들 가운데서는 남다른 집념과 추진력으로 열심히 하면 잘 될 거야 하는 지지자들이 있고, 지금의 나이에 또 새로운 것을 배운다니 대단하다. 혹은 무엇이 부족해서 코칭까지 배우려고 하느냐는 반응도 있었다. 그때 이런 예화가 생각났다.

어느 날 알버트 아인슈타인(Albert Einstein)의 지인이 찾아와 "이젠 편안히 누리기만 해도 되지 않나요?"라고 묻자 아인슈타인은 아무 대꾸도 없이 종이와 펜을 가지고 큰 원과 작은 원을 그리고 나서 이렇게 말한다. "지금 물리학이란 영역만 본다면 제가 당신보다 조금 더 많이 알겠죠. 그러나 한 가지 예를 들어볼까요? 당신이 아는 것을 이 작은 원이라고 하고, 내가 아는 것을 이 큰 원이라 합시다. 작은 원은 둘레가 작아 미지의 영역과 접하는 면도 작을 수밖에 없죠. 그러면 스스로 모른다고 느끼는 것도 작게 마련이고요. 반면 이 큰 원은 바깥쪽과 접하는 면이 큽니다. 당연히 스스로 모른다고 느끼는 것도 훨씬 많을 수밖에 없습니다. 그러니 제가 더 열심히 연구할 수밖에요."
나는 사실 부족함을 느끼기 때문에 무엇이든지 유익하다고 판단되면 배우고자 한다. 이런 와중에 묵묵히 곁에서 지지해주며 도움을 주는 아내가 가장 큰 지지자가 되었기에 가능한 도전이었다.

이처럼 제각각의 반응을 보인 지인들이 도대체 코칭이 무엇이냐고 묻는다면 이렇게 대답하고 싶다. 코칭을 상담과 비유하여, '상담은 의사의 손에 들려진 칼이라면, 코칭은 쉐프(chef)의 손에 들려진 칼'이다. 지금까지는 내담자들의 문제를 해결하고 아픔을 수술하기 위해 칼을 들었고, 의사들을 양성했다고 한다면, 이젠 다른 한 손에 맛있는 요리를 만들어 균형 잡힌 삶을 살도록 영양이 담뿍 담긴 요리를 위해 칼을 사용하는 일품 요리사가 되고자 한다. 즉 한 손에는 사람을 살리는 의사의 칼을, 또 다른 한 손에는 수술받은 사람의 건강 회복을 위해 영양식을 만드는 쉐프의 칼을, 일명 '쌍칼'을 가지고자 한다.

이 일을 위하여 코칭의 핵심 가치에서 강조하는 대로 함께 협력하여 존재가치를 회복하는 국민운동에 앞장서려고 한다. 이게 코칭의 미션이 아닌가! 물론 지금은 조그마한 돌멩이지만 그러나 이 작은 돌멩이를 물 위에 던져질 때 멀리까지 퍼져가는 물수제비의 모습을 상상해 보면서….

셀프 코칭으로 만나는
5R대화법

이미경 박사((Ph.D)
이미경 코치는 가족심리코칭센터 '하심' 대표이며, 새중앙상담센터 전문상담사, 서울동부법원 협의이혼상담위원으로 활동 중이며, 가족트라우마, 부부 및 개인 상담코칭을 전문분야로 하고 있다.
한국기독교코칭학회(IPC), 한국코치협회 KAC인증코치이며, ICF 국제코칭과정을 수료하였다.
한세대학교에서 가족상담학 석사(M.A) 및 사회복지학(상담심리전공) 박사(Ph.D)학위를 받았다.
E _ rett01@hanmail.net

새로운 인연

최근 가족심리상담가인 나에게 '코치'라는 새로운 직업이 하나 더 생겼다. 그것은 코칭 질문의 틀을 이용하여 사람들을 격려하고 동기를 부여함으로써 스스로를 성장시키도록 돕는 일인데 나는 이 직업에 점점 매력을 느끼고 있다. 이 새로운 직업과의 인연은 존경하는 상담슈퍼바이저 선생님께 받은 한 통의 전화에서 시작되었다. 선생님은 '코칭은 건강한 소통과 변화를 필요로 하는 현대에 꼭 필요한 영역'이라시며, 공부해볼 것을 권하셨는데 나는 그 말씀에 홀리듯 이끌려 코칭 세계에 발을 디디게 되었다.

그때까지만 해도 나는 코칭이란 고객들에게 내가 잘 알고 있는 것을 가르치는 것이라는 오해를 하고 있었다. 코칭과 티칭을 구분하지 못하고 있었던 것이다. 지금도 내 주위의 많은 이들이 코칭을 단순하게 '알려주는 것, 가르쳐주는 것'으로 잘못 인식하는 경향이 있다. 하지만 코칭은 가르치는 것과 전혀 다른 방향이다. 코칭은 좋은 질문을 통해서 고객의 존재 가치를 일깨우고, 건강하고, 친밀한 대인관계 능력을 확장시키는 것이다, '모든 인간 존재의 내면에는 성장하고 변화할 수 있는 내면의 에너지가 존재한다.'라는 철학적 믿음 위에서 고객과 함께 동행하는 것이다. 이러한 코칭을 그저 어떠한 전문적인 지식을 가르치는 티칭 정도로 인식한다는 것은 애석한 일이다.

나의 코칭 입문이야기를 하려면 먼저 상담입문에 대한 이야기가 필요하겠다. 그 당시 41세로 위암 수술을 받고 투병하면서 우울경향성을 보이던 내게 남편은 "당신은 다른 사람들의 이야기를 잘 들어주는 사람이니까 상담을 공부해보면 어떨까?"라며 물었다. 새로운 사람을 자연스럽게 잘 사귀고, 끈끈한 관계성을 맺고, 이야기하기 좋아하는 나의 성격과 잘 맞는 분야인 것 같아 흔쾌히 기독상담에 등록하게 되었다. 암 투병 중에 시작한 공부였기에 한 학기 공부하고 한 학기 쉬는 패턴으로 천천히 진행되었지만 건강이 회복되면서 점점 상담공부의 매력에 빠져들었었다. 가족들은 전폭적인 지지를 보내주었다. 그렇게 나의 길고 긴 상담공부의 여정이 시작되었다.

여기서 친정아버지의 이야기가 꼭 필요하다. 나의 암 투병을 알게 되신 아버지는 매일 전화하셔서 "나는 너를 믿는다."라고 말씀하시며 우셨다. 아버지는 내가 암을 이겨내면서 공부를 시작한 것을 기뻐하셨고, 자랑스러워 하셨으며, 스스로 공부하는 것을 멈추지 않도록 독려하셨다. 내가 대학 시간 강사가 되었을 때 아버지는 무척 기뻐하셨다. 하지만 아버지는 딸들과 함께 제주여행을 다녀오신 후 갑자기 췌장암이 발견 되었고, 3개월 만에 돌아가시고 말았다. 친정아버지가 떠나신 후, 나는 때마침 찾아온 갱년기 증상에 편승하여, 마치 '일시 정지' 신호등 앞의 버스처럼 그 자리에 멈춰 선채로 시간을 흘려보내고 있었다.

그즈음이었다. 선생님을 통해 찾아온 '코칭'은 일시정지 버튼이 눌려진 것처럼 살고 있는 무기력한 나의 삶에 도전의 버튼을 누르게 해주었다.

'5R리더십모델'로 코칭하기

'5R리더십 대화모델'은 코칭의 기초 과정 중의 하나로 5가지의 R, 즉 1R(Relation: 관계형성), 2R(Refocus: 목표설정), 3R(Reality: 현실인식), 4R(Resources: 해결자원), 5R(Responsibility: 실행책임=행동설계)의 첫 글자를 딴 코칭리더십 질문 프로세스다. 한국인 최초 ICF 국제코칭연맹 인증마스터 코치인 폴 정 코치가 개발하였다.

5R모델은 코칭을 처음 만나는 고객들이 자연스럽게 코칭대화 방법을 배우고, 코치와의 상호신뢰를 통해 스스로 코칭리더십 역량을 개발하도록 동기를 부여한다. 또한, 고객들의 열정과 잠재력을 깨워서 문제를 해결하고, 목표를 달성하고 성장하도록 지원하는 코칭대화 모델이다. 이러한 5R 모델을 진행하는 코치는 질문, 경청, 피드백을 통해 고객들이 직접 목표를 찾고, 현실을 인식하며, 내적·외적 자원을 발견하여, 자기 자신의 가치를 찾아내고, 자신을 도울 수 있도록 돕는 역할을 수행하게 된다.

도입(Relation): 이름을 어떻게 불러드리면 좋을까요?

코치가 자신을 간단하게 소개한 뒤 나에게 질문하였다.

"제가 코칭을 하는 동안 호칭을 어떻게 불러드리면 좋을까요?

"강물이라고 불러주세요."

"그 이름으로 불리고 싶은 이유를 간단하게 이야기 해주시겠어요?"

코칭을 시작하면서 코치는 고객인 나에게 "당신의 이름을 뭐라고 불러주면 좋겠느냐?" "그렇게 불리고 싶은 이유는 무엇이냐?"는 특별한 질문을 던져왔다. "강물이라 불러주세요." 코치의 질문은 신비한 세계로 안내하는 문처럼 나를 어린 시절의 추억이 가득한 금강으로 데려다 놓았다. 아름다운 금강의 물결, 금빛 모래들, 사랑하는 친구들, 신비였다. 이름이 떠오르고, 그 이름들에 들어 있는 나의 감정과 빛깔, 향기, 더 나아가 내가 어떻게 살고 싶은지, 진정한 나 자신의 존재적 욕구가 그림처럼 솟아오르는 특별한 경험은 마치 뜻밖에 받은 선물 같은 느낌이었다. 이것은 분명 좋은 질문인 것이 틀림없다.

코치는 나에게 직접 내 이름을 짓게 만들고, 공감 가득한 목소리로 그 이름을 불러주었다. 그것은 내게 존중감과 존재적 가치를 인정받는 느낌을 주었으며, 무엇인가 나 자신에게 중요한 의미로 다가와 기분이 좋아졌다. 문득, 어릴 때 암송했던 김춘수의 '꽃'이라는 시가 생각났다.

'내가 그의 이름을 불러 주기 전에는

그는 다만

하나의 몸짓에 지나지 않았다

내가 그의 이름을 불러주었을 때

그는 나에게로 와서 꽃이 되었다.'

1R. 관계형성(Relation): 요즘 어떻게 지내셨어요?

코치가 다시 질문하였다.

"이번 여름 정말 더웠있는데 강물님은 그동안 어떻게 지내셨어요?"
"저는 호암미술관에서 열린 '한 점 하늘 김환기 작품전'에 다녀왔어요."
"그러셨군요. 강물님이 그림을 좋아하시는군요."
"네, 그릴 줄은 몰라도 가끔 그림을 보는 것은 흥미로워요. 친구가 정말 좋아하는 작가라고 초대해주어서 친한 친구들 셋이서 다녀왔는데요. 정말 좋았어요. 김환기님의 초기작부터 마지막 작품까지 있었는데 제가 태어나지도 않았던 1930년대 그림들의 색감이나 구도가 현대의 감각에 전혀 뒤지지 않게 모던한 것이 엄청 신기했어요. 그림들이 따뜻하고, 깊더라고요."
"그림을 보고 오셨군요. 그림에서 따뜻함과 깊음의 감정을 느끼시는 모습이 정말 멋지게 느껴져요. '그림이 깊더라.'는 말씀이 마음에 와 닿네요. 어떤 의미인가요?"
"그건 후기 작품들을 관람할 때에 느꼈어요. 검은 톤으로 무수한 점들을 찍어서 그린 그림이었어요. 작품의 이름은 기억이 안 나네요. 그림 앞에 섰을 때 갑자기 깊은 고독감이 훅~ 느껴졌어요. 저도 모르게 순간적으로 몸을 떨면서 뒤로 물러났는데 이상하게 그 감정이 무서웠어요."

"그것은 몸을 떨면서 뒤로 물러날 만큼 무서운 감정이로군요. 그림을 통해서 그러한 감정들을 느끼시는 것이 저로서는 놀라워요. 강물님은 여름동안 김환기 화가의 그림을 통해 참 의미 있는 시간들을 보내신 것 같네요. 이러한 강물님의 특별하고 의미 있는 마음을 담아 이 시간 저와 코칭을 시작해도 될까요? 지금부터 저와 나누는 모든 대화는 한국코칭협회 윤리규정에 의해 비밀을 보장해 드립니다."

코치가 나의 호암미술관을 다녀온 이야기를 잘 경청하면서 반영해주고, 적극적으로 공감해주니까 깊이 이해받는 느낌이 들면서 기분이 좋아졌다. 중간 중간 코치가 내 얘기를 잘 듣고 이해하고 있음을 자연스럽게 표현하면서 질문을 해주니 수용 받는 느낌이 들면서 고독과 무서움의 감정들이 다시 기억나고, 그것을 말로 풀어낼 수 있게 된 것 같았다. 어쩌면 그냥 지나갈 수 있었던 이야기를 다시 한 번 말해봄으로서 특별한 감정 경험으로 기억되는 시간이었다.

코치는 또 내가 이야기하면서 몸을 앞으로 내밀면 은근슬쩍 자신의 몸을 내 앞으로 내밀었다. 내가 다리를 꼬면 코치도 어느새 다리를 꼬고 있다. 내가 왼쪽 손으로 오른 쪽 팔을 쓸어내린 적이 있는데 코치가 자기 왼쪽 팔을 쓰다듬고 있는 것 아닌가? 마치 내가 거울을 보고 있는 것처럼 나의 동작을 슬쩍 슬쩍 따라하고 있었던 것이다. 난 속으로 '왜 내 동작을 따라하지?' 생각하면서 웃음이 났지만, 왠지 코치와 내가 꽤 친밀한 관계가 형성된 느낌이 들었다. 나도 모르게 마음이 열리고, 안전감이 느껴지면서 이상하게 자꾸 내 얘기를 더 하고 싶어졌다.

그때 코치가 코치협회의 윤리규정과 비밀보장에 대해서 말해주었다. 코치는 지금 이 시간에 나랑 나누는 모든 이야기에 대해 비밀을 보장하겠다는 것이었고, 난 그 말이 맘에 들었다. 그런데 그중에 몇 가지는 비밀보장이 안 된다고 했다. 순간, 괜히 마음이 긴장되고 불편해지는 느낌이 들었는데, 코치의 이야기는 이랬다. 비밀보장이 안 되는 내용의 첫째는 나에게 자살을 할 거라는 암시를 받았거나 자살 징후가 뚜렷할 때 둘째, 내가 전염병에 걸렸거나 셋째, 경찰이 찾아와 나에 대해 합법적인 선에서 질문할 때는 비밀보장을 할 수 없다는 것이다.

휴우~ 비밀보장이 안 되는 부분이 있다는 말에 순간 놀랐지만 이 부분에 대한 설명을 듣고 나니 오히려 코칭에 대한 신뢰감이 상승되는 느낌이었다. 이 시간엔 어떤 문제든지 허심탄회하게 말해도 된다고 허락받은 거 같고, 왠지 모르게 코치와 친밀해지고, 마음이 통하는 것 같은 느낌이 들면서 진심의 얘길 털어놓고 싶은 마음이 저 밑바닥 어딘가로부터 올라오는 것을 느꼈다.

2R. 목표설정(Refocus): 어떤 이야기를 나누고 싶으신가요?

호암미술관에 다녀온 이야기로 나와 친밀한 관계를 형성한 코치는 오늘의 주제에 대해 질문하고 있다.

"그렇다면 강물님, 오늘 어떤 이야기를 나누고 싶으신가요? 오늘 저와 나누고 싶은 코칭 주제가 있다면 무엇일까요?"

"저는 오늘 박완서님의 '모독'이라는 책에 관해서 이야기를 나누고 싶어요."

"좀 더 구체적으로 말씀해 주시겠어요?"

"제가 몇 년 전 서점에 들렀다가 우연히 박완서님의 '모독'이라는 책을 만났어요. 책표지를 보는 순간 왈칵 눈물이 솟았는데 그것은 무엇 때문이라 규정할 수 없는 낯선 감정이었어요. 그 순간엔 박완서님의 글에 대한 무조건적인 신뢰나 반가움이라 여기면서 그 책을 소중하게 모셔오고, 거실 책꽂이 한가운데 파란 하늘의 책표지가 잘 보이도록 세워놓았어요. 이상하게 책의 첫 장을 펼쳐보는 것도 아깝게 느껴질 정도로 왠지 모르게 설레는 감정, 이유를 규정할 수 없는 소중함의 마음이 일어났어요. 저는 그 책을 열어보지 못하고, 책 표지만 바라보고 또 보고 오래, 오래도록 그렇게 바라보았어요."

"눈물이 솟고, 오래오래 바라보고… 그런 감동을 받는 것이 쉽지 않은데 멋진 감성이세요."

"코치님께서 그리 말씀해주시니 이 이야기를 계속하는 것에 대해 용기가 나네요."

"저도 강물님 이야기에 점점 빠져드는 느낌이에요."

"아까도 말씀드렸지만, 왜인지 모르지만 '모독'이 놓인 책장 앞을 지나다닐 때마다 제 가슴엔 뭔가 알 수 없는 두근거림, 말할 수 없이 좋음, 왠지 모를 슬픔 여러 가지의 양가감정이 계속되었어요. 전 그 감정들이 좋아서 꽤 많은 시간을 그렇게 보냈었던 기억이 나네요. 드디어 책의 첫 장을 펼치고, 65세 작가의 눈을 통해 은빛으로 반짝이는 히말라야와 신비로운 별빛으로 가득 찬 밤하늘, 호수에 비치는 달의 신비로움과 함께했어요. 몇 년이 지나면서 책의 내용은 다 잊었지만 저는 여전히 그 책의 표지가 보이도록 세워두고 여전히 무엇인가를 그리워하고 사랑했어요."

"매우 낭만적으로 느껴지네요. '모독'이라는 책에서 느끼는 감정이 특별하신 거 같아요. 강물님이 오늘 이 책 이야기를 함께 나누고 싶었던 특별한 계기가 있으셨을까?"

"지난 초여름에 한 기업의 그룹 및 개인 코칭의 코치로 참여했던 프로그램에서 잠시 명상을 하게 되었어요. 아주 짧은 명상시간이었는데 특별한 경험을 했어요. 저는 눈을 감고 지도자가 인도하는 대로 따르고 있었는데요. 갑자기 모독의 책 표지가 눈앞에 떠올랐어요.

상상 속에서 저는 책표지 속의 박완서 선생님 대신 티베트의 바람 부는 들판을 걷고 또 걷고 있는 거예요. 마치 실제처럼 너무 생생하게 상상이 되는 거예요. 제가 그분이 썼던 하늘 닮은 파란 모자에 파란 바지를 입고, 파란 신발을 신고, 바람을 피하려 고개를 푹~~숙인 채 걷고 또 걷고 있었어요. 그 모습을 보는데 왠지 모르게 주르륵 눈물이 흘렀어요."

"정말 특별한 경험이시네요. 상상 속에서 책표지의 사진 속에 들어가 사진 속 인물과 똑같은 모자를 쓰고, 같은 옷을 입고, 그 길을 걷고, 눈물의 카타르시스를 경험 하셨다는 것이 정말 놀라워요. 융은 이러한 경험들을 '적극적 상상'이라고 불렀답니다. 이렇게 독특한 경험이야기 속에서 강물님은 오늘 어떠한 주제를 다루고 싶으신 가요?"

"음……. 저는 궁금해요. 제가 박완서님의 '모독'이란 책을 만난 지 7년이 지나고 있는데 저는 왜 아직 그 책 이야기를 하고 있는지 모르겠어요. 여름 명상에서 어째서 제가 그 책표지 속에 들어가 걷고 있는 이미지를 생생하게 떠올린 것인지에 대해 이야기해 보고 싶어요. 그리고 이제 저도 박완서님이 티베트 여행을 떠났던 나이에 가까이 다가가고 있는데요. 아주 오랫동안 제 내면의 깊은 심연을 흔드는 이 책표지는 내 인생에 어떠한 의미로 작동 되고 있는 것인지 정말 알고 싶어요.

"그것이 주는 인생의 의미를 알고 싶어 하는 강물님의 마음이 느껴져요. 강물님은 상상 속에서 티베트의 벌판을 걷고 있는 자신을 알고 싶은 마음과 '모독'이라는 책표지가 긴 시간동안 자신의 인생에 어떠한 의미로 작동되고 있는지 알고 싶다고 두 가지로 말씀하셨는데요. 그 중에 어떤 것을 먼저 다뤄보고 싶으신가요?"

"음~. 둘 다 궁금하지만 그 중에 두 번째 주제를 먼저 다뤄보고 싶어요."

나는 코치의 명료한 질문들을 통해 목표가 명확하고 선명해지는 느낌이 들었다. 코치는 많은 이야기 속에서 내가 말하고 싶어 하는 주제의 방향성을 잃지 않도록 효율적으로 대화를 이끌어가면서, 내 스스로 주제를 선택하고 책임지도록 질문을 던져 주었다.

"그렇다면 오늘의 코칭 목표를 한 문장으로 정리해보시겠어요?"

"……. '모독'이란 책은 나에게 어떠한 의미인가?"

"모독이란 책에 대한 의미인가요? 아니면 아까 말씀하신 대로 책표지가 긴 시간동안 강물님의 인생에 어떠한 의미로 작동되고 있는지 찾고 싶으신 건가요?"

"아, 그렇게 질문해주시니 제가 원하는 부분이 좀 더 선명해지는 것 같아요. 음~ 제가 알고 싶은 것은 명상할 때 상상이 되었던 그 빈 벌판을 계속 걷고 있던 제 모습에 대해서 알고 싶은 거 같아요."

"그러시군요. 그럼 다시 한번 오늘의 목표를 한 문장으로 표현해보시겠어요?"

"내가 상상 속에서 '모독'의 책표지 속 박완서님이 되어 나무 한 그루 없이 그저 거센 바람만 휑하니 부는 황량한 티베트의 벌판을 끝없이 걷고 있는 이미지는 나에게 어떤 의미인가?"

"좋습니다. 조금 더 짧게 정리해 보시겠어요?"

"내가 상상 속에서 책표지에 들어가 티베트의 황량한 벌판을 끝없이 걷고 있는 이미지는 나에게 어떤 의미인가?"

코치는 나의 목표가 세분화되고 점점 더 구체적이 될 수 있도록 반복적으로 질문을 던지고 있다. 내가 겉돌면서 이야기 자체에 빠지지 않고 방향을 잘 잡아 가도록 주의하고 있는 것처럼 보였다.

"목표가 단순하고 좀 더 명료하게 표현된 거 같아요. 이 목표는 강물님에게 어떤 의미가 있을까요?"

"글쎄요. 좀 어려운 질문이신데요. 음~ 지금 이 순간, 그 의미는 제 인생 후반부 삶에 관한 것이 아닐까라는 생각이 들어요."

"인생 후반부 삶이라 하셨는데 좀 더 말씀해보시겠어요?"

"글쎄요. 오랫동안 생각했는데……. 어쩌면 그건 제 인생 후반부를 어떻게 살아야하는가에 대한 이야기가 아닐까 싶어요. 저는 계속해서 그것을 찾고 있는 거 같아요." "강물님이 인생 후반부 삶을 어떻게 살아야할까를 찾는 것은 강물님에게 어떤 의미, 또는 어떤 가치가 있나요?

"음……. 저는 아마도 내 인생에 의미 있고, 가치 있는 일을 찾고 싶은 거 같아요. 어떻게 살아야 하는지를 찾는 것은 나에게 남아 있는 시간을 허투루 쓰고 싶지 않은 마음이네요."

"어떤 일이 강물님에게 의미 있고, 가치 있고, 시간을 허투루 쓰지 않는 게 되나요?"

"그러게요. 어떤 일이 제게 그런 일일까요? 지금 드는 생각인데 의미 있고, 가치 있고 시간을 허투루 쓰지 않는 것은 제 삶에 무척 중요한 일이었구나! 하는 깨달음이 오네요."

"오~ 자신의 삶을 살아내는 태도에 대한 통찰이시네요. 그런 자신이 어떻게 느껴지세요?

"그래서 그렇게 열심히 살았구나! 제 삶에 대해 좀 더 이해하게 되는 거 같아요."

"지금 강물님 자신에게 해주고 싶은 말이 있으실까요?"

"강물아, 그래서 그렇게 열심히 살았구나. 참 수고 많았다."

"기분이 어떠신가요?"

"뿌듯함? 칭찬받은 느낌이에요"

"강물님의 인생 후반기에 어떤 일을 하시면 의미 있고, 가치 있고 시간을 허투루 쓰지 않는 것이 될까요?"

"음……. 이상하게 '사명'이라는 단어가 떠오르네요."

"좀 더 구체적으로 이야기를 해보시겠어요?"

"저에게 매우 익숙지 않은 단어예요. 어쩌면 피해왔던 단어라는 생각이 드는 건 왜인지 모르겠어요. 아마 사명은 왠지 어렵게 느껴지기 때문인 거 같아요. 이젠 더 이상 피하지 않고 마주해야 할 시간이 온 것 같아요."

"마주하셔야 할 시간이시로군요. 강물님에게는 어떠한 사명이 있으신가요?"

"음…. 글쎄요. 이것은 시간이 갈수록 조심스럽게 느껴지는 부분인데요. 저에게는 제 전공인 심리상담과 새로 배우고 있는 코칭을 통해 어려움에 처해 있는 리더들의 가정을 돌보는 사명이 있는 것 같아요."

"그것은 강물님에게 어떤 의미가 있을까요?"

"그것은 사회적으로 특별한 위치에 놓였던 우리 부모님을 돕고 싶었던 제 어릴 적 소망으로부터 출발하는 거 같아요. 그렇기 때문에 사명은 제 자신에게 특별한 의미와 가치를 지닌 것 같아요."

"그렇군요. 이야기를 하시면서 어떠한 감정이 올라오시는 것 같은데 이야기 해주실 수 있으신가요?"

"음……. 부모님이 행복하시길 끝없이 소망하고 노력했던 어릴 적 기억들이 떠올라 뭔가 가슴이 뭉클해지네요. 이전엔 그런 노력들이 슬픔이었어요. 그런데 지금 이순간, 그것이 제 인생의 중요한 사명이 되었구나, 인정할 수밖에 없네요."

"부모님이 행복하시길 끝없이 소망하고 노력했다는 말씀에 저도 뭉클해지네요. 지금 저와 코칭 대화를 나누는 가운데 슬픔이었던 이전의 노력들이 강물님 인생의 중요한 사명이 되었다는 것을 인정하신다는 말씀도 감동으로 다가오네요. 어떻게 이런 통찰을 얻게 되셨을까요?"

"어쩌면 얼마 전 여행을 통해 사명에 대한 생각을 해봤기 때문에 오늘 이렇게 이어지는 것이 아닌가 싶어요."

"아, 이미 사명에 대한 생각을 하신 적 있으셨군요. 그렇다면 오늘의 목표를 다시 한번 이야기 해보시겠어요?"

"나의 '사명을 실천하기'로 바꾸고 싶어요. 그동안 그 황량한 티베트 벌판은 왜 그리 걷는지 그 의미가 무엇인지 늘 궁금했는데, 그 궁금증을 푼 느낌이 들면서 아주 시원한 마음이 드네요. 제대로 찾은 것 같아요. 너무 감사합니다."

"오늘 그 의미를 찾고 궁금증을 푸시고 시원한 마음을 느끼셨다니 제가 더 감사하네요. 이제 목표를 '나의 사명을 실천하기'로 다시 잡으셨는데 이 목표가 이루어진다면 어떠한 변화가 있을까요?"

"상처받은 리더들의 가정이 회복되고, 부부가 행복해지면 그 자녀들도 행복해질 것이고, 그분들이 섬기는 단체나 그분들이 섬기는 장소의 많은 분 들이 행복해질 거 같아요."

"네에! 모두가 행복해지는군요. 이러한 목표가 이루어졌을 때 강물님은 어떤 모습이 되실까요?"

"저도 행복해질 거 같아요. 생각만 해도 행복해지네요. 마치 서로 다른 성격과 의도치 않게 어려웠던 환경 속에서 갈등할 수밖에 없었던 제 부모님을 도와 드린 듯 기쁜 마음이 들어요."

"강물님이 기뻐하시니 저도 기쁜 마음이 드네요. 강물님은 책표지에서 오랫동안 설렘을 느꼈고, 명상 속에서 벌판을 걷고 있는 자신을 상상해 보게 되셨지요. 그리고 그런 자신의 모습에 의미와 궁금증이 생겨나고, 그 질문에 대한 답을 찾는 과정에서 강물님은 의미 있고, 가치 있고, 시간을 허투루 쓰지 않는 삶의 태도를 발견하였어요. 열심히 살아온 자신에게 칭찬도 하셨어요. 그동안 짐짓 피하셨던 후반부 삶의 사명을 찾았고, 인정하셨어요. 그 부분에서 어릴 적 부모님을 돕고 싶었던 어린 강물님도 만나셨지요. 목표가 이루어졌을 때의 변화를 구체적으로 상상하시면서 행복함을 느끼시네요. 이러한 강물님은 어떠한 존재실까요?"

"저는 진취적이면서 내면의 힘이 있는 '쓸모 있는 존재'인 것 같아요. 이렇게 얘기하다보니 저는 '쓸모 있는 존재가 되는 것'이 중요한 사람인 거 같아요. 저는 평생 친정아버지께 '쓸모 있는 존재'가 되려고 의미 있고, 가치 있고, 시간을 허투루 쓰지 않으려고 노력해왔던 거 같아요. 그런데 어느 날 아버지께서 돌아가신 거예요. 저는 갑자기 목표를 잃고 앞으로 나아가지 못하고 있었던 거예요."

"이제 강물님은 어떤 모습으로 살고 싶으신가요?"

"생각해 보니 친정아버지께 쓸모 있는 존재가 되려고 노력하는 과정에서 저는 이미 쓸모 있는 존재로 훈련되어 있었던 거 같아요. 감사드려요."

"그것을 찾아내신 분은 바로 강물님이시지요. 멋진 통찰력을 가지신 강물님에게 진심의 박수를 드립니다. 짝짝짝~! 이미 쓸모 있는 존재가 되신 강물님은 앞으로 어떻게 살고 싶으신가요?"

"저는 상처받고 좌절한 리더들의 가정을 돕는 사명을 찾았고, 저의 존재적 가치도 찾았으니 이제 구체적으로 그 가정들을 돕는 일을 실천하면서 살고 싶어요."

코치는 참 현명한 존재들이다. 오랫동안 궁금히 여겼던 모순이란 책과 책 표지, 명상 속에서 상상으로 경험했던 이미지들에 대한 의미를 찾을 수 있도록 돕더니 다시 나의 존재적 가치를 발견하고 통찰할 수 있도록 돕는다. 그리고 또 나의 사명에 대해 구체적으로 생각하고 그 일을 향해 스스로 나아갈 수 있도록 강력한 질문을 던지고 있다. 코치가 점점 멋있게 느껴진다.

3R. 현실인식(Reality): 현재 어떤 상태이신가요?

현명한 코치가 고삐를 늦추지 않고 다시 질문하기 시작했다.

"그러한 목표를 이루기 위한 강물님의 현재 상태는 어떠신가요?
"저는 현재 심리상담 현장에서 기업이나 종교 등에서 지도자 역할을 하고 있는 분들의 가정들을 위해 최소한의 재능기부를 하고 있는 상태입니다. 하지만 아직 적극적이라고 할 수는 없어요. 제가 근무하고 있는 직장이 그분들을 돕는 것을 중요하게 생각하는 곳이라서 센터를 통해 오시는 분들만 돕고 있는 상태입니다."

"이미 준비가 되었고, 실천하고 계신 거로군요. 그렇다면 강물님의 오늘 목표 실천을 위해 변화해야 할 부분이 있으신가요?"

"제가 변화해야 할 부분이라면 조금 더 적극적이 될 필요가 있는 것 같습니다."

"그 부분에 대해서 좀 더 이야기를 해주시겠어요?"

"얼마 전 여행에서 어려움을 당하고 있거나, 도움이 필요한 리더들의 이야길 들으면 주저하지 않고 달려간다는 분을 만났어요. 그분이 그날 여러 가지 이야기를 하였는데 그중에 저는 '주저하지 않고 달려간다.'는 말이 크게 들리는 듯했어요. 무의식적으로 '나랑 비전이 같은 분이시구나.'라고 생각했지만 저는 제게 그런 마음이 있다는 것을 감추어 놓고 말하지 않기로 결심한 저 자신을 발견했어요. 그런 제 태도에 대해 부끄러움이 느껴지더군요."

"지금은 어떠신가요?"

"음~ 지금은~저의 사명을 인식하였고, 그 부분에 관련한 저의 부끄러운 모습에 대해 고백해버렸으니 이전보다 좀 더 적극적인 태도로 변화할 수 있지 않을까요? 저 스스로 기대가 됩니다."

코치는 나의 현재상태가 어떠한지 객관적으로 인식할 수 있도록 질문을 하였다. 코치가 변화할 부분이 있느냐고 물었는데 그 질문은 내가 목표실천을 위해 앞으로 나아가는데 걸림돌이 무엇이냐고 물은 것이다. 그게 내가 처한 환경 때문인지 나의 내면의 불안이나 어려움 때문인지 묻는 코치의 질문은 세심하지만 집요하다는 느낌이 들지는 않았다. 코치는 자신의 직관과 통찰력을 최대한 발휘하면서 명확한 핵심질문을 던지는 한편 편안하고 자연스럽게 나의 내면이나 외부의 현실 상황을 살펴볼 수 있도록 도와주었다. 그때 코치의 모습은 공감적이었고 적극적 경청을 실천하고 있었다. 코치는 나의 표정의 변화나 목소리의 높낮이, 한숨, 눈의 방향, 행동언어 들을 관찰하면서 의미 있는 변화가 감지될 때는 그 부분을 놓치지 않고 질문해주면서 나와 소통하고자 노력하는 모습을 보였다. 감동이었다. 잘 훈련된 코치인 것 같았다.

4R. 해결자원(Resource): 사용가능한 자원이 있으신가요?

"강물님의 목표달성을 위해 사용할 수 있는 강점이 있으신가요?"

"저는 저와 이야기하는 사람들의 장점과 탁월성을 잘 발견해주고, 존재적 가치를 인식하고 자기 자신을 존중할 수 있도록 돕는 일을 잘하는 편이예요. 그것이 제 강점 인거 같아요."

"굉장한 강점이시네요. 코칭의 철학은 '모든 사람의 내면에 스스로 답을 찾아낼 수 있는 창조적인 능력이 있다.'라는 믿음의 전제 위에서 시작하지요. 강물님이 다른 사람들의 장점과 탁월성 및 존재적 가치와 자기 존중을 찾아줄 수 있다는 것은 굉장한 강점이에요. 왜냐하면 그것을 발견해주기 위해서는 탁월한 질문과 전적인 공감과 경청, 지지, 격려를 할 수 있어야 가능한 것이거든요."

"코치님의 말씀을 들으니 제가 무척 유능한 사람처럼 느껴져서 기분이 참 좋네요."

코치의 말에 나는 어깨가 으쓱해지며 기분이 좋아졌다. 무엇이든 다 잘 할 수 있는 느낌이 들었다.

"강물님, 잠시 눈을 감아보시겠어요? 이 목표가 달성되었을 때의 장면을 한번 상상해 보시겠어요? 어떤 모습이 상상되시나요?"

"상처받은 리더들의 가정에 한숨과 눈물, 서로를 향한 비난, 갈등, 슬픔,

좌절, 낙심, 자책, 괴로움 등이 강물처럼 흘러 씻겨내려 가는 것이 보이네요. 그리고 씻겨진 마음에 웃음, 즐거움, 기쁨, 서로에 대한 지지, 공감, 경청, 자유로운 의사소통들. 행복한 회복의 모습들이 보이네요. 어려운 현실상황은 여전한 거 같은데 회복된 가정들에는 기쁨과 웃음이 흘러넘치는 거 같아요. 안정된 리더들이 힘 있게 긍정적인 세상을 만드는 모습들이 보입니다."

"그런 모습을 보니 강물님의 마음은 어떠신가요?"

"저절로 웃음이 나네요. 주께서 나의 슬픔이 변하여 춤이 되게 하시며, 나의 베옷을 벗기고 기쁨으로 띠 띄우셨나이다. 라는 성경 말씀이 생각나요. 이미 행복해진 거 같습니다."

"와, 축하드립니다. 강물님의 얼굴이 환하고 행복한 기쁨으로 가득 차 보입니다."

신비한 경험이었다. 그저 상상을 하는 것만으로 마치 목표가 이루어진 듯 웃음, 즐거움, 기쁨, 감동, 행복함의 감정들이 느껴진다는 것이 얼마나 놀라운 일이던지!

5R. 실행책임(Responsbility): 어떤 것을 시도해보시겠어요?

코치는 이제 내가 나의 목표를 달성하기 위해 계획을 세우고 책임지고 실행할 수 있도록 이끌어가기 시작했다.

"강물님은 목표를 달성하기 위해 어떤 것을 가장 먼저 시도해보고 싶으신가요?"

"저는 기독교인인데요. 먼저 이 부분에 대하여 기도하고 싶어요. 사명에 대해 구체적으로 제 마음을 주님께 드리고, 저의 마음을 따뜻하고 용기 있게 만들고 싶어요."

"또 어떤 것을 시도해보실 수 있으실까요?"

"음……. 지난번처럼 저와 같은 사명을 가졌던 분을 만났을 때, 저도 용기를 내어 저의 사명에 대해 이야기를 할 거예요. 이 부분은 진짜 용기가 필요한 부분인 거 같아요. 요즘 제가 왠지 모르지만 소극적이 되었거든요."

"그렇게 이야기하실 때 이미 강물님에게 용기가 생기신 것 같이 느껴지네요. 충분히 그렇게 말하실 수 있을 겁니다. 한 가지만 더 이야기 하실 수 있을까요?"

"지금은 딱히 더 생각나는 것이 없네요. 오늘 코칭 시간에 제가 저의 사명을 인식하고 받아들였다는 것 자체가 매우 중요한 시간이었고요. 그것에 관하여 좀 더 적극적이 되는 것이 가장 필요하다고 생각이 되네요.

"그 말씀에 충분히 공감이 되네요. 그럼 지금까지 찾아낸 것을 언제부터 시작하실 수 있으신가요?"

"내일 아침부터 당장 시작하겠습니다."

"와~ 그 결심에 박수 드립니다. 그럼 어떤 것부터 시작해보시겠어요?"

"내일 아침 새벽기도부터 시작하겠습니다."

"새벽기도는 몇 시에 가실 수 있으신가요?"

"저는 6시에 가겠어요. 원래 새벽 5시부터 시작되지만 그건 너무 이른 시간인 것 같고요. 2부 새벽기도가 시작되는 6시가 잘 맞는 거 같아요."

"좋은 생각이시네요. 자신에게 알맞은 시간을 선택하는 것은 중요한 일이죠. 그럼 새벽기도는 일주일에 몇 번 정도 하실 수 있으실까요?"

"음……. 사실 매일 나가긴 어려운 것 같습니다. 적어도 일주일에 세 번 정도는 꼭 나가도록 하겠습니다."

"탁월한 선택이세요. 매일 나가겠다는 말보다 훨씬 합리적인 계획으로 느껴집니다. 세 번은 어떤 요일에 나가실 예정이신가요?"

"음~ 일주일을 시작하는 월요일, 수요일, 토요일이 좋을 듯해요.

"그러시네요. 두 번째는 어떻게 실천되실 수 있으실까요?"

"음. 그건 지난번 저와 같은 사명을 가진 분을 만날 때, 제가 먼저 이 부분에 대해 이야기 해보는 걸로 할게요."

"언제 하실 수 있으실까요?"

"다음 주 토요일 모임에 그분이 나오시는데 그때 말씀드리는 것으로 해볼게요."

"아주 구체적으로 계획이 세워진 것 같네요. 강물님께서 오늘 저와 함께 세운 이 계획들을 실천하는 모습을 제가 어떻게 하면 알 수 있을까요?"

실천 계획들을 구체적으로 세세하게 세워보니 빨리 실행하고 싶은 갈망이 생기는 느낌이었다. 자신감이 차올랐다. 실행을 잘하고 있는 모습을 어떻게 알 수 있겠느냐는 코치의 질문에 꼭 실행해야 하겠다는 책임감도 함께 올라왔다.

Self 코칭을 마치며

5R코칭모델을 통한 Self 코칭은 긴 시간 동안 내 맘에 품어지고, 맴돌던 설렘과 생각, 이미지, 의미들이 코치의 질문들을 통해 다시 만나지고, 정리되고, 표현되는 특별한 경험의 시간이었다.

폴 정은 '사람들이 탁월한 리더를 만나면 리더의 유능성과 똑똑함을 알게 되고, 사람들이 탁월한 코치를 만나면 자신들이 유능하고 똑똑하다는 것을 깨닫게 된다.'라고 하였다. 그의 말처럼 나는 오늘 self 코칭을 통해 '의미 있고, 가치 있고, 시간을 허투루 쓰지 않으려고 애쓰는 삶의 태도를 가진 나'를 발견하였다. '쓸모 있는 존재가 되고 싶었던 나'를 만났으며, 그렇게 노력하다 보니 어느 틈엔가 '쓸모 있는 존재'가 되어있는 유능해진 나를 만났다. 아직은 초보코치 입장이라 높은 차원에서 보면 나의 5R self 코칭 프로세스가 그리 훌륭하지 않을 수 있다. 그러나 나는 이 시간을 통해 내가 어떤 태도를 가지고, 어떤 존재가 되기 위해 노력해왔는지 깨달을 수 있었다. 자신도 모르는 사이에 이미 유능한 존재가 되어있음을 깨달았고, 순수하게 수용해보는 시간이었다. 셀프코칭은 영혼 깊은 곳에 숨겨진 나 자신의 오래된 욕구와 만나도록 연결하고 이끌었고, 경험한 모든 사건과 감정들은 마치 나의 의식과 연결되고 싶은 무의식의 짓궂은 연상 퀴즈 모음처럼 느껴졌다.

모독이라는 책 표지로부터 시작된 지난 몇 년간의 규정하지 못한 감정들과 생각들, 적극적 상상 속에서 황량한 벌판을 끝없이 걷고 있는 나, 그림 전시회에서 만난 깊은 고독과 몸서리쳐지는 무서움은 내 삶의 의미와 가치들에게로 이끌어졌다. 시간을 허투루 쓰지 않아야 한다는 삶의 태도, 쓸모 있는 존재가 되어야 한다는 비합리적인 신념, 리더들에 대한 나의 사명, 이 모든 것들은 성장하지 못한 채 고착되고, 얼어붙어버린 나의 내면아이, 즉 어린 '나'를 돕고 싶은 나의 무의식적 열망을 만나는 작업이었다. 내가 그때 불행해 보이는 부모님을 얼마나 돕고 싶어 했었는지. 이러한 과거의 경험은 '현재의 나'를 돕고 싶은 열망이며, 이 열망은 미래의 '사명'으로 승화되고 있다. 이렇게 나의 과거, 현재, 미래는 아름다운 코칭 속에서 깊은 상호작용 중이다.

코칭은 결단코 티칭이 아니다. 코칭은 현명한 질문들을 통해 나의 시선을 내면의 깊은 곳으로 내려가도록 안전하게 동행해 주었다. 공감과 경청, 수용의 양 날개를 펼쳐 진실한 자아와 직면하는 자리를 불안하거나 무서워하지 않도록 조력 해주었다. 폭 넓은 자기이해와 자기수용의 새로운 관점으로 이끌었으며, 그것은 나로 하여금 또 다른 변화와 성장을 이루어가도록 촉진하고 있다.

참고문헌

게리콜린스(2004). 크리스천 코칭(정동섭 역). 서울: IVP.

로버트존슨·제리룰(2020). <내 그림자에게 말 걸기>. 신선혜 역. 파주:(주)가나문화콘텐츠.

박완서(2014). <모독>. 사진, 민병일. 서울: 열림원.

우수명(2012). <5R 코칭 리더십 교재>. 서울: (주)아시아코치센터.

코칭대화 모델의 진수 "5R 코칭 대화법" Youtube. 2018.07.10.

제임스 파일, 메리엔 커린치(2014). <질문의 힘>. 서울: 비즈니스 북스.

김춘수 시 모음: https://oksun3363.tistory.com/8703124.

코치가 없는 세상을
꿈꾸는 코치입니다

이승한 코치
이승한 코치는 한국코치협회 KPC 코치이며, 쥬빌리 크리스천상담코칭센터 대표, 아시아 코치센터 5R 코칭강사이다.
하프타임 휄로우 소속이며, WMU 목회학 박사이자 목회자이다.
E _ jubileecoach@gmail.com

저는 코치가 없는 세상을 꿈꿉니다. 오늘도 제가 열심히 사는 이유는 코치가 필요 없는 세상을 위해서입니다. 물론 코치가 없는 세상은 경찰도 필요 없고, 변호사도 의사도 필요 없는 세상이기도 합니다. 범죄자가 없으니 경찰이 필요 없고, 사람들 사이에 다툼이 없고 소송할 일이 없으니 변호사가 필요 없고, 질병이 없으니 의원이 필요 없는 세상은 불가능할까요? 만일 이상적인 삶이 '불가능'하더라도 저는 그런 비전을 가진 사람입니다. 그리고 그런 꿈을 향해 제가 할 수 있는 선한 영향력을 끼치고 싶은 사람입니다.

저에게 코치란 코칭을 하는 사람이 아닙니다. 코칭의 기술과 방법은 분명히 배우고 연습해야 하는 것 맞습니다. 그러나 코치는 코칭을 하는 기술자가 아니라 코치로서의 삶을 사는 사람이라고 생각합니다. 코치로서 지켜야 하는 윤리와 도덕이 있습니다. "서당 개 삼 년이면 풍월을 읊는다."라는 말은 어떤 의미일까요? 아마도 누구든지 어느 정도 시간이 지나면 흉내 내는 것은 가능하다는 말씀이 아닐까 싶습니다. 저에게 진정한 코치는 코칭을 하는 사람도 아니고 코칭을 흉내 내는 사람은 더군다나 아닙니다. 저에게 코치란 코치로서의 삶을 날마다 살아가는 사람입니다.

코치가 없는 세상을 꿈꾼다는 것은 지금 우리가 사는 이 세상은 코치가 필요하다는 말씀입니다. 건강한 사람은 매일 병원에 가지 않습니다. 그러나 건강을 유지하기 위해서는 정기적으로 의사를 만나야 합니다. 검진을 받고 어떻게 하면 더 건강한 삶을 살 수 있을지 조언도 받아야 합니다. 우리가 사는 세상은 썩 건강한 것 같지 않아 보입니다. 그렇다면 더군다나 코치가 필요한 세상입니다.

제가 나누고 싶은 글은 다 평범한 일상에서의 대화입니다. 코치와 고객이라는 관계가 아니라 그저 사람으로서 옷깃만 스쳐 가는 상황일 수 있는데 일상이 코칭으로 체질화 되면서 일어난 일들 몇 가지를 나눕니다. 바라기는 이 책의 글들을 읽으시고 더 많은 분 들이 코치로서의 삶을 상상하셨으면 좋겠습니다. 왜냐하면 코치가 필요 없는 세상을 만들기 위해서는 당장은 좋은 코치들이 더 많이 필요하기 때문입니다.

"진작 배우지 그랬어?"

코칭을 배우면서 얼마 안 되어서 아내가 한 말이다. 진심을 담은 장난기 섞인 투정이자 최고의 인정이다. 물론 아내는 지금도 "당신 코치 맞아?" "코치가 그래도 돼?"라고 짓궂게 말한다. 코칭에 관한 책 한 권 읽지도 않고 수업도 듣지 않은 여인이지만 용케도 내가 코치의 역량과 위배 되는 행동을 하면 지적을 할 수 있는 역량을 이미 보유하고 계신 분이다. 코칭을 배우면서 처음에는 가족을 상대로 배운 것을 활용해 보려고 했지만 금방 깨달았다. 그나마 있는 나의 자존감을 지키려면 가족과는 건강한 거리를 두어야 하는 것을.

코칭을 배우면서 가장 큰 수혜자는 나 자신이다. 정말 많은 것을 얻었다. 무엇부터 언급할 수 있을까?

아마도 가장 큰 변화는 공감이라고 생각한다. 공감(empathy)이란 다른 사람의 세계에 들어가는 것이라 하였다. 코칭을 배우면서 비로소 깨달은 것이지만 나는 내가 공감을 잘한다고 착각하고 있었다. 그런데 내 아내는 수십 년 동안 나에게 다양한 방면에서 공감을 요청하고 있었는데 신기하게도 나는 이 부분에 있어서 늘 실패를 반복하고 있었다. 실패를 되풀이 하면서도 그것이 얼마나 큰 문제라는 것도 제대로 인식하지 못하고 있었다.

"제가 답을 몰라서 당신에게 그 이야기를 하는 줄 알아요?"
"도움이 필요한 것 아니었어?"
"그냥 들어주면 안 되나요? 해결책을 원하는 것이 아니라 그냥 내 마음을 들어주는 사람이면 좋겠어요."

왜? 나는 아내가 이야기를 하면 그 '문제'를 해결해 주는 '역사적 사명을 띠고 이 땅에 태어난 줄' 알았다. 해결을 해주고 인정받고 싶었다. 솔직히 아내가 힘들어 하는 것을 견디지 못한다. 그래서 어떻게든 해결을 해주고 싶어 한다. 그동안 나는 해결을 해주는 것이 공감인 줄 알았다. 그런데 코칭을 배우면서 적극적인 경청을 하면서 조금씩 내 아내의 마음이 들리기 시작했다. 대화의 맥락과 의도를 더 이해하기 시작했다. 내 아내는 흑기사가 필요한 연약한 공주가 아니었다. 어떤 힘든 상황에 대해 나에게 이야기할 때 해결책을 몰라서 어쩔 줄 몰라 하는 무능력한 사람이 아니었는데 나는 그만 해결책이란 뾰족한 창을 들이대고 있었다는 것이다.

코칭에서는 모든 사람은 창조주의 형상으로 지으심을 받았기에 창의력과 자원이 풍부하고 더 나아가서 온전함도 있다는 것을 전제로 대화한다. 상대방이 답을 갖고 있다고 생각하고 듣기 시작하니 대화에서 문제가 주제가 아니라 상대방이 주인공이 된다. 그래서 굳이 내가 코치의 역할을 하지 않을지라도 나의 질문은 당연히 문제 그리고 그것에 따른 해결책이 아니라 나에게 이야기를 하는 대상에게 조명된 호기심으로 바뀐다.

"힘들었겠네. 어떻게 그 상황에서 예의를 갖출 수 있었어?"

진심 어린 호기심이다. 문제가 아니라 상대방에게 초점을 맞추는 대화를 하면서 다른 사람들의 감정이나 에너지가 들리기 시작했다. 어떻게 하면 문제를 해결할까 고민하던 나의 둔탁한 뇌가 상대방을 관찰하는데 사용되기 시작한 것 같다. 이전에도 보였겠지만 더 '시급한' 문제해결 때문에 놓쳤던 것들이 보이기 시작하니 상대방에 대한 호기심도 더 풍부해지는 것을 느낀다.

공감은 다른 사람의 세계에 들어가는 것. 대화의 주인공의 입장을 상상해 본다. 점점 조명은 상대에게 맞춰지고 상대는 나의 관심이 진지하다는 것을 알아차리면서 문제는 점점 더 희미해져 간다.

"당황했겠네."

문제에 포커스를 맞추고 해결책을 제안하는 대화에서 상대방은 강요를 당하는 느낌을 받고 거부감도 자연스레 생긴다. 그러다 보니 문제에 포커스를 맞춘 대화는 맞지 않는 퍼즐 조각을 구겨 넣는 듯 대화가 어색하다. 그러나 문제가 아니라 사람에게 포커스를 맞추면 대화가 잘 풀린다. 거기다가 상대의 기분을 읽어주고 입장에 공감을 하다보면 긍정 에너지가 올라가는 것을 느낀다. 격한 감정이 수그러지고 부드러워지는 것을 느낀다. 뭉쳤던 근육이 풀린 느낌이다. 유연한 대화는 생각의 폭을 넓힌다. 이전처럼 해결책에 집중하다 보면 십중팔구 사람을 놓치는데 사람에게 집중하니 해결책은 저절로 따라온다.

"나 코칭 하려는 거야? 하지마!"

사실 아내가 이런 말을 할 때는 코치로서 내가 부적절한 행동을 했을 때다. 나의 에고ego가 강하게 드러난다든지 내가 대화의 방향을 정하고 슬슬 끌어당길 때다. 고객은 어김없이 느낀다. 거부감으로 마음의 빗장을 닫는다. 그러나 코칭적 대화가 잘 되었을 때는 아내도 뭐라고 안 한다.

"당신 많이 달라졌어. 고마워."
"..."

코칭을 하면서 이전보다 다르게 사람들의 마음이 들려온다. 나름 언어에 자신이 있었고 소통에 문제가 없다고 생각했었는데 코칭을 배우면서 나에 대한 평가가 달라졌다. 어떤 부분을 고쳐야 할지 깨닫게 되었다. 14살까지밖에 한국에 살지 않아서일까? 교과서를 통해서 영어를 배워서일까? 아니면 천성일까? 나는 사람들이 말하는 액면 그대로가 다인 줄 알았다. 그런데 코칭을 배우면서 적극적인 경청을 하면서는 사람들이 사용하는 단어보다 훨씬 더 많은 것이 들리기 시작했다. 희망, 두려움, 불안함, 외로움이 들린다. 사람들의 마음이 들린다고 할까? 물론 아직도 가야할 길은 멀다. 지금 이미 다른 사람들의 마음을 잘 듣는다고 자신이 넘치는 것도 아니다. 다만 이전에 비해서 내가 생각해도 다른 사람들의 마음이 더 잘 들린다는 것뿐이다.

진작 배우지 못한 것에 대하여 가장 많이 후회하는 사람은 내 아내보다 내 자신이다. 그리고 지금이라도 배우고 있는 것에 대하여 정말 감사한 하루를 살고 있다. 바라기는 할 수 있는 대로 다른 사람들은 나보다 조금 더 일찍 코칭적 대화를 배웠으면 하는 것이다.

"진작 배우지 그랬어?"

늦게 배운 것에 대한 책망이 아니다. 이전에 비해 많이 나아진 나를 인정해 주는 말이다. 물론 과거에 해결사로 자주 등장해서 망친 대화에 대한 아쉬움도 살짝 있지만 그것보다는 지금 문제가 아닌 자신에게 포커스를 맞추고 있는 남편에 대한 따듯한 마음이다.

"선생님과의 대화는 깊이가 있습니다."

택시에서 내릴 때 기사님이 해주신 말씀이다. 감사한 마음을 주고받은 대화로 기억한다. 무엇보다 택시 기사님도 그리고 나도 풍성함을 갖고 헤어진 좋은 만남이었다. 코칭을 배우기 시작한 지 얼마 안 되어서였다.

"가산디지털역으로 가시는 것 맞죠?"
"네. 감사합니다."

카카오택시를 부르면 참 편리하다. 호출에서 결제까지 스마트폰 화면으로 다 해결이 된다. 택시 기사님 사진까지 미리 확인하고 탑승해서 나름 안전한 것 같다.

"사무실 가시나 봐요. 일요일인데."

이전 교회를 사임하고 한동안 차가 없이 대중교통만 사용할 때다. 원래는 주일 아침에도 대중교통을 사용하려고 했었는데 주일 아침만은 택시를 타기 시작했다. 한번 익숙해지니 필수 조건이 되었다.

"아. 사무실이 거기 있기는 한데요. 일하러 가는 것이 아니라 예배드리러 가요."

굳이 나의 종교 활동을 감출 필요는 없다고 생각했고 그의 반응이 궁금했다. 감사하게도 그는 자신은 신앙은 없는데 그의 아내가 교회에 열심을 내어서 같이 간다는 이야기를 한다. 자연스레 칭찬과 격려를 한다.

"사모님은 좋으시겠어요. 선생님 같은 분을 남편으로 두셔서."

코칭을 배우면서 처음에는 어색하던 칭찬과 인정 그리고 격려의 표현이 자연스럽게 나온다. 그전에도 다른 분들에 대한 마음이 없었던 것은 아니나 왠지 표현하는 것은 어색했고 부자연스러웠다. 그런데 코칭을 배우고 삶에 적용하면서 다른 분들에 대한 관찰의 폭도 넓어지고 더 깊어지는 것을 경험한다. 그리고 신기하게 이전보다 다른 사람들의 장점이 더 잘 보인다. 아마도 편견이나 선입견을 내려놓고 중립적 경청을 이전보다 훨씬 더 많이 하면서 생긴 자연스런 결과인 것 같다. 다른 사람들의 장점을 인정하고 지지하며 칭찬하는 것이 이전에 비해 훨씬 자연스럽다. 칭찬은 고래도 춤추게 했다던가. 기사님도 좋아하시는 것을 느낄 수 있었다.

"제 아내도 열심이지만 친구 놈 등쌀에 마지못해 예배는 드리러 갑니다. 허허허."

백미러로 나의 반응이라도 보시는 듯 나와 눈도 맞추고 대답도 참 잘 해주신다. 사무실까지 이제 남은 시간은 약 20분 정도. 다음 대화는 어떻게 펼쳐질까?

코칭은 고객과의 춤이라고 배웠다. 상담사와 내담자의 경우는 전문가와 비전문가로서의 수직적 관계가 형성된다. 그러나 코칭의 관계는 수평적이다. 그런 의미에서 코칭의 관계를 함께 추는 춤으로 표현하는 것은 맞다. 그러나 코칭은 수평적 관계이지만 전문가도 반드시 있이야 한다.

코치는 코칭 프로세스의 전문가이고 고객은 자신의 삶의 전문가로서의 역할이 있다. 코치의 전문성이 부족하다든지 아니면 고객이 자신의 삶에 대한 "전문성"이 부족하면 좋은 코칭을 기대하기 어렵다. 코치와 고객이 본연의 역할을 잘하면 코칭은 고객과 함께 추는 춤을 넘어설 수 있다. 존경하는 선배 코치가 "코치가 고객과 함께 춤을 추는 것도 코치가 너무 드러나는 것"이라는 말씀을 해주셨는데 동의한다. 바람직한 코칭은 고객이 춤을 자유롭게 추고 코치는 고객에게 조명을 밝히는 역할을 한다고 볼 수도 있다. "이분에게 조명이 가도록 해드려야지"라는 생각으로 대화를 계속했다.

"친구분이 참 좋으신 것 같아요."

나의 "고객"이 친구 이야기를 꺼냈고, 그 관계를 자랑스러워하는 것을 느낄 수 있었다. 아니나 다를까 나의 한마디에 친구 자랑으로 이분의 에너지가 급상승한다. 친구 부부와 몇십 년을 친하게 지내오는데 두 부부는 자주 여행을 다녀온다고 한다. 얼마 전에 강원도 여행을 다녀온 이야기를 열심히 한다. 디테일이 많다. 요점만 정리해서 중요한 단어 몇 가지로 다시 질문을 한다. 미러링도 하고 백트래킹도 하면서 대화는 흘러간다. 그러면서 호기심이 생긴다. 과연 이분은 과연 어떤 분일까? 궁금하다.

"좋은 아내분 그리고 친구분과 오랜 세월 동안 변함없이 관계를 유지해 오신 선생님은 어떤 분이실까요?"

주일 아침 택시 안에서 오고가는 대화가 참 아름다운 색채를 띠는 것 같았다. 그리고 기사님은 자신이 열심히 살아온 이야기를 하신다. 정직, 근면, 성실, 그리고 무엇보다 아내와 가족 그리고 친구가 소중한 분이시다.

"여행을 즐기시는 것 같은데. 맞나요?"

그 질문에 "그럼요" 말씀하시며 또 여행 이야기를 하신다. 아. 이번에는 방콕 다녀온 이야기다. 밤에 친구와 숙소에서 둘 만 나가서 단체 프로그램에 없던 재래시장에서 야식을 한 말씀을 하신다.

아! 이게 아닌데. 여행 보다는 이분에게 조명을 맞춰야 한다는 생각이 들었다. 대화의 초점이 흐려지는 느낌이 들었다. 무엇보다 그의 사랑하는 아내와 자랑스러운 친구가 다 크리스천이라는 것을 살리는 대화를 하고 싶었다. 말하자면 전도다. 그러나 내가 "예수 믿으세요"라고 말할 필요가 없는 전도다. 아내와 친구가 뿌려놓은 씨앗에 내가 물을 주는 느낌이 들었다. 그러나 코치가 여기서도 코치의 (아무리 좋은 의도일지라도) 아젠다(agenda)를 가지고 대화를 이끌면 안 된다는 생각도 스쳐 간다. 전도하고 싶은 나의 마음을 토닥이며 다시 기사님에게 집중한다. 이 분에 대한 호기심, 편견 없는 경청, 열린 마음으로 주일 아침에 적어도 20분은 한 '배'를 탄 동반자로서 좋은 대화를 함께 만드는 목표로 돌아간다.

"아내분이 선생님과 꼭 가고 싶은 여행이 있으신 것 같아요. 친구 부부와 함께요."

"네?"

질문이 너무 뜬금없었나? 코치의 의도가 개입을 해서 대화의 흐름이 끊겼을까? 본인은 아내가 그리고 친구가 졸라서 예배 참석 정도는 한다고 말문을 여신 분이라서 신앙 이야기를 해도 될 것 같았다. 그리고 이분이 좋아하는 여행 그리고 아내와 친구 이야기를 하면 좋을 것 같았다.

"아내분은 선생님과 하나님 나라를 꼭 같이 가고 싶어 할 것 같아요."
"아…"

이제부터 대화가 어떻게 될지 모르지만 택시에 타면서 지금까지 나름 예의를 갖춘 대화를 하고 있었고 어느 정도 라포가 형성 되었다고 생각했다. 다행히 기사님은 불쾌하지 않은 듯 대답하신다. 다만 목소리에 힘은 약간 빠져있다.

"언젠가는 저도 잘 믿으려고 합니다."

뭐라고 말씀을 드려야 이분에게 격려가 될까? 인정과 격려 그리고 지지를 해드리고 싶었다.

"이미 잘 믿고 계신 것 같아요. 아내분과 함께 예배도 드리시고. 그런데요 하나만 여쭤봐도 좋을까요?"
"그럼요."

이번에는 의식 확장이다.

"여행 가시기 전에 어떻게 준비하시나요?"

아직은 예배를 통해서 특별한 감동은 없으나 사랑하는 아내를 위해서 예배에 참석하고 좋아하는 친구 때문에 마지못해 예배를 드리는 것처럼 말씀하시지만 친구가 다니는 교회에서 신앙생활을 잘하는 것에 대하여 나름 자랑스럽게 여기시는 것 같았다.

"만일 선생님이 우연히 좋은 곳을 혼자 발견하시면 아내분을 데리고 함께 가고 싶어 하실 것 같아요."
"그럼요."
"아마 아내분과 친구분도 하나님 나라가 좋아서 선생님과 함께 가고 싶어 하실 것 같다는 생각이 들어요."

신호가 바뀌고 이제 남은 것은 유턴이면 목적지 도착이다.

"여기 내려드리면 될까요? 오늘 좋은 대화 감사합니다."
"어떠셨어요? 괜찮으셨어요?"

예민할 수 있는 신앙 이야기를 해서 약간 걱정은 되었으나 라포 형성도 좋았고 신뢰를 주고받는 대화라는 생각이 들어서 마지막 질문을 하면서도 긍정적인 생각이 들었다. 그리고 조금은 기사님에게 인정받고 싶은 나의 욕구도 있었다. 아 언제나 되면 이런 인정욕구로부터 자유로워질까?

"선생님과의 대화는 많은 생각을 하게 하네요. 깊이가 있네요."

이전에 택시를 타면 대부분 정치, 날씨, 예능 이야기를 나눴는데 요즘은 기사님이 주인공이 되는 대화를 한다. 의식이 확장되고, 더 행복한 미래를 상상하며, 자신들만의 장점이 무엇인지 돌아보는 시간도 경험한다. 한 분은 손주들을 자주 보고 싶은데 영상통화 할 때마다 만 원씩 준다고 해도 연락을 안 한다고 하시면서 아쉬운 마음을 말씀하신다. 또 다른 분은 장성한 아들이 사업을 하겠다고 또 손을 내민다며 한숨도 내쉰다.
택시를 타면 승객이 목적지를 정하지만 코칭적 대화에서는 코치가 아닌 '고객'이 결정하는 대로 흘러간다. 그리고 코치와의 대화는 의식 확장이 일어난다. 같은 상황이라도 다른 시각으로 보게 된다. 깊은 대화를 통해 우리는 더욱 가치 있는 삶을 경험한다.

"그 꿈을 향해서 오늘도 열심히 사는 당신은 어떤 사람일까요?"
영화 감독 지망생

달라스에 있는 호텔에 머물 때 일이다. 비즈니스맨들에게 주는 혜택이 있어 달라스에 방문하는 목적으로 하프타임이라고 적었더니 고개를 갸우뚱 하면서 하프타임은 어떤 회사인지 궁금해 하는 듯 했다.

"인생의 후반전을 어떻게 하면 가치 있는 삶을 살 수 있는지 고민하는 단체입니다. 답도 주죠."

"좋은 일을 하시는군요."

"감사합니다. 혹시 어떤 사람으로 기억되고 싶으세요? 인생의 끝자락에?"

코칭을 배우면서 상대방에 대한 호기심이 이전보다 더 깊어졌다. 이전에도 호기심은 많았지만 이전에는 단순히 나의 궁금증을 풀기 위한 질문이 많았다면 요즘은 대화 상대에 대한 궁금증 그 자체를 알아가는 만족감이 있다. 그래서 상대방이 가진 가치관이 무엇인지 그리고 그는 그 가치관에 부합한 삶을 어떻게 살고 있는지 궁금하다. 그리고 한 가지 더 이전과 달라진 것이 있다고 한다면 상대방의 가치관에 대한 나의 견해가 이전처럼 강하지 않다는 것이다. 견해라기보다는 이전에는 편견이 더 가깝다고 보는 것이 좋겠지만 어쨌든 타인에 대하여 이전보다 훨씬 중립적인 마음을 갖는 자신을 발견한다. 그리고 그런 나의 마음에는 이전과 다른 편안함이 있다.

호텔 프론트에서 일하는 직원과 인생 끝자락에 대한 대화를 할 줄은 몰랐지만 정말 순식간에 일어난 것이었고 무엇보다 아주 자연스러운 대화였다.

"저는 영화감독이 꿈입니다. 넥플리스에 제 작품이 실려서 유명해지고 싶어요."

그에게 유명해진다는 것의 의미는 무엇일까? 그리고 그의 꿈은 어떻게 그의 삶에 영향을 주고 있을까? 그에 대한 호기심이 일어나면서 그의 얼굴이 약간 상기되는 것이 보였다. 그래서 그 에너지에 부채질을 하고 싶어졌다.

"그 꿈이 이뤄지면 기분이 어떠실 것 같으세요?"

프론트에서 일하는 그는 그날이 직장 첫날이라고 했다. 그래서 매니저에게 일을 배우고 있었고 사실 일이 서툴렀다. 긴장을 하고 있었던 그가 잠깐 상상의 나래를 펼치고는 기분이 좋은 듯 큰 미소를 지으면서 말했다.

"오우! 상상만 해도 기분이 좋죠!"

호텔 프론트에서 일하는 첫날 그는 라이프 코치를 만났다. 자신이 얼마나 복 있는 사람인줄 알까? ㅎㅎㅎ 하지만 약간은 사실이다. 코치는 개인이나 조직이 갖고 있는 잠재력을 일깨우기 때문에 코치와의 대화는 늘 잠자고 있는 꿈을 일깨우기 십상이다. 그날도 우리는 계획하지 않았지만 귀한 대화를 하고 있었다.

"그 꿈을 향해서 오늘도 열심히 사는 당신은 어떤 사람일까요?"

솔직히 정확하게 그 질문에는 그가 뭐라고 답변을 했는지는 기억이 나질 않는다. 그러나 인상 깊었던 것은 그는 호텔에서 일하는 것이 그의 최종 목표가 아니라는 것이었고 나름 큰 그림을 맞추기 위한 작은 퍼즐 조각과 같은 그날을 살고 있었다는 것이다. 그리고 나는 라이프 코치로서 그가 이미 품고 있는 꿈을 잠깐이나마 상상할 수 있도록 질문을 했고 그는 그날 어떤 상황에 처하든지 충분히 긍정적인 마인드로 무장이 되었을 것이라는 생각이 든다.

호텔리어 지망생

한번은 귀국행 비행기를 날씨 때문에 놓쳐서 샌프란시스코 공항 부근 호텔에 머문 적이 있다. 호텔에서 공항으로 가는 셔틀버스를 불러준 프론트 직원과 어떻게 대화를 시작했었던지 그 기억은 없다. 예정보다 늦어진 여정으로 말미암아 피로에 지쳤던 것은 기억난다. 그리고 이 장면은 뚜렷이 기억이 난다.

"그러면 어떻게 하면 이런 호텔을 소유할 수 있을까요?"

그는 파키스탄에서 이민 온지 얼마 안 되는 젊은 청년이었다. 친절했던 청년으로 기억한다. 아마 정말 친절해서 그 호텔 주인이냐고 물었던 것 같다. 그는 자신을 그냥 종업원으로 소개하면서 그러나 언젠가는 이런 호텔을 소유하는 사람이 되고 싶다고 말한 것도 기억이 난다. 그렇다면 그는 어떻게 그 꿈을 이루기 위해서 그날의 크고 작은 선택을 하고 있는지 호기심이 생겼던 것이다.

그리고 그가 겸연쩍어하면서 "돈을 더 벌고 싶다."는 말을 한 것과 어떻게 하면 자신의 재력이 많지 않은 사람도 이런 호텔을 소유할 수 있는지에 대한 대화를 나누게 되었던 것이다.
그와 나눈 대화에서 나름 그가 정리한 것은 다음과 같다.
그가 말했다.

    "이 호텔에서 먼저 인정받는 일꾼이 되는 것이 중요할 것 같아요."
    "그 다음은요?"
    "제가 돈을 좀 모아야 하는데 계획 없이 허투루 쓰는 점이 있는데 좀 고쳐야 할 부분인 것 같아요."

아. 시간이 더 있으면 계획을 세우는데 누가 도움을 줄 수 있는지 그리고 어떻게 하면 잘 고칠 수 있는지에 대하여 더 물어볼 수 있겠지만 셔틀버스가 도착했다. 그러나 또 질문했다.

    "그리고 또 무엇을 할 수 있을까요?"

"더 좋은 직장도 알아보고 또 제가 가진 꿈에 대하여 다른 사람들과 더 나눠야 할 것 같아요. 오늘 제 생각이 많이 정리 되었어요. 감사해요."

호텔 프론트에서 일하는 사람과의 대화는 다분히 실용적이다. 많은 경우 호텔 투숙객들은 피곤하다. 고객을 상대하는 직종은 정신노동이라 스트레스가 많다. 그리고 스쳐 지나가는 수많은 여행객들과의 대화가 그들의 인생에 얼마나 도움이 되는지 알 수 없다. 하지만 확신한다. 적어도 위에 두 분은 짧은 대화였지만 잠시라도 행복을 누렸고 미래에 대한 가능성을 탐색하는 시간을 가졌다. 그들의 시야가 넓어지고 그들의 잠재력이 일깨워지는 시간이었을 것이라 생각한다.

잠깐 스쳐가는 사람들 중 대부분 꿈이 있다. 그런데 그 꿈을 어떻게 구체적으로 이룰지에 대하여는 막연한 듯 표정을 짓는다. 지금까지 열심히 살아왔고 지금도 열심히 살고는 있는데 어쩌면 앞으로 어떻게 살지 생각할 마음의 여유가 없는 경우가 많다. 나도 그랬다. 나 자신에게 던진 꿈에 대한 질문을 그들에게도 하고 싶다.

"인생의 후반전을 어떻게 살면 지금보다 더 가치 있고 의미 있는 삶을 살 수 있을까요?"

그리고 그 질문에 대한 행복한 고민을 하는 사람 곁에서 잠재력을 일깨우는 대화를 하고 싶다. 나는 라이프 코치로서 사람들의 기억에 남고 싶은 것이다. 그리고 그 상상만 해도 기분이 좋다. 행복하다. 그 꿈을 향해 오늘도 열심히 사는 나는 과연 어떤 사람일까?

"아내와 영화를 보러 가야겠습니다."

호텔에서 공항까지는 약 20분 거리였다. 밥 뷰포드와 로이드 리브가 시작한 하프타임 프로그램 참석차 미국에 자주 갈 때였다. 하프타임의 본부가 있는 달라스는 인천에서 하루에 한 번 직항이 있다. 평소에 선호하는 항공사는 로스앤젤레스나 샌프란시스코를 경유해야 하고 가격도 훨씬 비쌌다. 그냥 하루를 공항 근처 호텔에 머무는 것이 훨씬 더 경제적이었다. 마침 상담 수업도 들어야 했다. 귀국하는 날 아침, 호텔 셔틀버스는 이미 만석이었고 운전수 옆자리만 비어있었다.

"여기 앉아도 되나요?"

"그럼요. 어느 항공사죠?"

"아메리칸입니다. 국제선이요."

"넵. 알겠습니다. 시트벨트 하세요."

호텔 셔틀버스 운전사들의 삶은 고달프다. 덜덜 거리는 디젤 엔진 소음과 함께 셔틀 버스는 덜컹 거린다. 덕분에 여행자들은 고된 여행길에 그나마 안심하고 잠깐 마음의 쉼도 청할 수 있다. 그러나 대부분 운전사들을 격려의 말에 힘을 얻는 것 같아서 몇 마디 안 나눌지라도 그들의 수고를 인정하는 멘트를 준다.

"고마워요. 아침 일찍부터 수고가 많으세요."
"아. 말씀 감사합니다. 이제 곧 퇴근하네요."

이분은 아침인데 퇴근을 한다고 한다. 그리고 감사하게도 대화를 끊지 않는다. 그러면 내가 귀찮지 않다는 말이다. 그럼 나의 호기심을 따라 자연스레 질문을 한다.

"달라스에 오래 사셨어요? 저는 몇 번째 오는데 생각보다 달라스가 호수도 많고 나무도 많아서 놀랐어요."
"아. 그 호수들, 다 인공이긴해요. 달라스가 지난 몇 년 사이에 많이 개발되고 있죠. 테슬라도 여기 있고. 저와 제 아내는 볼티모어에서 이사 왔어요."

결혼하고 달라스로 이사를 왔다고 이야기가 흘러간다.

"달라스 좋으세요?"
"저는 좋아요. 직장 때문에 왔는데 살아보니까 동부보다 좋아요. 그런데 제 아내는 별로인 것 같아요."

"오우?"

좋은 코치는 좋은 고객을 만날 때 더 빛을 발하는데 이런 훌륭한 "고객"을 만나는 행운을 누리다니! 자신은 달라스로 이사 온 것을 좋게 생각하는데 아내는 별로인 것 같다고 한다. 그리고 이분은 이야기보따리를 잘 푸는 분이시다. 그래서 "오우?" 한 마디로 충분하다.

"이사 오면서 스트레스를 많이 받았는지 모르겠어요. 그래서인지 볼티모어에 살 때보다 체중도 좀 늘었는데 그것 때문에도 힘들어 하네요."
"체중... 저도 제 의사가 저보고 살 빼라고 매번 독촉인데. 에휴... 살 빼느라 고생하느니 아예 의사를 바꿀까 봐요. 하하하."

공감을 하는 대화에서 코치가 자신 이야기를 하는 것은 바람직하지 않을 수 있다. 자칫하면 대화에서의 조명이 고객이 아니라 코치에게 옮겨갈 수 있다. 그리고 유머는 자칫 분위기가 뻘쭘할 수 있는데 다행히 셔틀버스 운전사는 잘 털어놓는다. 아무래도 요즘 고민거리였던 것 같다. 계속 아내 이야기를 한다. 잘 들어줘야지.

"제가 보기에는 별로 살이 찌지 않았거든요. 그런데 제 아내는 자신의 매력이 없어졌다고 우울해 하는 것 같아요."
"우울하다고 말씀하세요?"

이분의 신념은 어디에서 올까? 호기심을 갖고 질문을 했다.

"딱히 표현은 안 하는데요. 보면 알죠. 이전에 비해서 덜 행복해 보여요."
"언제부터일까요? '이전에 비해서'라고 하셔서."
"달라스 오고 나서요."
"달라스 이전과 이후…"
"달라스 오고 나서 제가 수입도 더 괜찮아지고. 생활환경도 더 좋아졌는데 아내가 왜 우울해 하는지 모르겠어요."

아내는 정말 우울한 것일까? 달라스로 이사 온 후 이분 말씀대로라면 수입도 더 괜찮아지고 생활환경도 더 좋아졌다는데 아내분이 원하는 것은 무엇일까? 당연히 나는 알 수가 없다. 그런데 피곤한 탓일까? 나도 어떻게 대화를 해야 할지 잘 모르겠다. 약간은 고객에 집중하던 것에서 고객의 문제에 더 신경을 쓰고 있기 때문이기도 한 것 같다. 그래서 잠시 침묵이 흐른다.

달라스 공항 표지판이 보인다. 운전수는 차선을 바꾸면서 사각지대도 확인한다.

"달라스가 새로운 도시라서일까요?"

"네?"

"아. 아내분이 달라스로 이사 오시기 전에는 지금보다 더 행복하셨다고 하셔서..."

"아. 그때는 결혼 초기였는데. 월급도 많지 않았지만 뭐... 신혼이잖아요."

이분이 월급 이야기를 여러 번 한다. 그렇다면? 달라스로 이사온 이유가 직장이라고 했고 이분은 이제 퇴근을 한다고 했다. 밤일을 하는 것 같은데. 그렇다면?

"신혼은 뭘 해도 좋죠. 월급이 모자라도. 서로 쳐다만 봐도 배부르죠? ㅎㅎㅎ"

"ㅎㅎㅎ. 그렇죠. 지금도 좋아요. 그런데 저와 일하는 스케줄이 좀 다르다 보니 이전 같지 않아요."

코칭의 철학은 고객이 스스로 답을 찾도록 하는 정도가 아니라 고객은 답을 이미 갖고 있다고 말해도 좋을 것 같다. 그리고 의도하지 않은 침묵의 시간도 때로는 고객에게는 자신의 마음을 더 탐색할 수 있도록 하는 필요한 시간이다. 코칭은 파워풀한 질문이라고 하지만 질문만큼 중요한 것은 침묵이다.

"이전에 신혼 때에 행복한 기억 하나만 나눠주실래요?"

"극장에 가서 영화 보면서 팝콘 먹었던 기억이 떠오르네요."

"영화와 팝콘! 버터 많이 넣어서?"

"당연하죠. 이전에는 아내와 영화 보러 많이 갔었어요."

이제 잠시 후 나는 내려야 하고 이분과는 아마 다시 만날 기회는 없을 것이다. 분명히 이분은 의식의 확장이 일어나고 있다는 확신이 들었다.

"잠시 후 저는 내려야 하는데요. 혹시 오늘 깨달은 것 있으실까요?"

약간의 침묵이 또 흐른다. 아니면 내가 긴장해서 1초가 1분처럼 느껴지는 것일까? 너무 어려운 질문을 했나?

"달라스에 와서 정말 열심히 일하고 있어요. 밤에 일해야 수당도 더 받고요. 그런데 생각해 보니 아내와의 시간이 많이 없어졌네요."

추측하건대 그의 아내는 남편의 관심이 줄었다고 생각할 것 같았다. 그런데 더 이상 시간은 없었다. 사실 시간이 더 있었으면 어쩌면 나는 오히려 대화를 유도하는 실수를 범할 수도 있었겠다. 코치로서 고객에게 집중하는 것은 정말 생각보다 어렵다. 고객이 고민하는 문제를 함께 해결하려는 코치의 에고가 슬그머니 발언권을 달라고 한다. 내 안에 있는 해결사를 잘

구슬리는 것이 중요하다. 자. 다시 고객에게 집중을 하자.

그의 에너지는 다운되는 듯 했고. 시간은 없고. 그냥 의식 확장까지 한 것으로 만족하고 말까? 그런데 코칭을 하다보면 정말 하늘이 돕는 것 같다는 생각을 하게 된다. 운전수는 혼자 중얼거린다.

"내가 그동안 돈 조금 더 버는 재미에 소홀했네... 아내에게."

나의 직관이 맞기는 했다. 달라스로 이사 오면서 아마 이분도 아내를 행복하게 해주려고 열심히 돈을 벌었을 것이다. 친구도 가족도 없는 새로운 환경에서 경제적 안정은 중요한 요소였을 것이다. 볼티모어보다 더 나은 삶을 실제로 살면서 더 좋은 생활환경과 더 두둑해진 지갑으로 자신을 위로했을 것이다. 다만 공교롭게도 그의 아내는 이사하면서 체중도 늘었고 무엇보다 남편과 보내는 시간이 이전보다 준 것에 대하여 여자로서 매력이 줄었기 때문일까 자문을 했을 것이다. 그래서 야간근무를 선택하나 궁금했을 것이다. 그런 아내는 우울하게 보였을 것이다.

그러나 직관이 코칭에 걸림돌이 될 수도 있다. 코치가 직관을 나누면서 조명이 코치에게로 가고 고객이 스스로 깨달아야 하는데 직관을 잘못 사용하면 마치 고객은 멘토에게 배우듯 수평적 관계가 깨질 수 있다는 것이다.

그런데 그날 시간이 없었기에 천만 다행이다. 여행 중 나의 컨디션이 나의 집중력을 떨구었고 그렇게 하늘이 도와서 생긴 침묵의 시간에 나의 '고객'은 독백을 하고 있었다. 이제 남은 것은 구체적인 실행이다.

"그러면 뭘 해보고 싶으세요?"
"아내와 영화를 보러 가야겠습니다."

운전수의 이름도 얼굴도 기억나지 않는다. 그러나 그 대화는 영화의 장면처럼 기억이 난다. 덜컹거리는 셔틀버스와 디젤의 특유한 냄새가 떠오른다, 여행 가방들이 부딪히며 삐걱거리던 공간에서 그와 나눈 20분의 대화는 그에게 어떤 변화를 가져왔을까? 그는 야간 근무를 계속 할까? 영화를 보러 갔을까? 그나저나 나도 아내와 영화를 보러 가야겠다.

진정한 나와 마주하는 시간

정호연 코치

정호연 코치는 인피플코칭연구소 대표, 한밭대학교 산업경영공학과, 미주장로회신학대학교 전문코칭학과에서 겸임교수, 한국영상대학교 교양학부 외래교수, ㈜아시아코치센터 대표강사, 전문코치, 대전시교육청 에듀힐링센터 에듀카운슬러 & 강사로 후학양성과 코칭발전을 위해 활동중이다.
현 (사)국제멘토코칭협회 이사, 국제코칭연맹(ICF) 멘토코치, 수퍼바이저이며, 전 (사)한국인사관리학회, (사)한국산업경영학회 이사를 역임했다.
국제코치연맹 (ICF) PCC, 한국코치협회(KCA) KPC, 국제공인 ABNLP Master Practitioner, 국제공인 ICAGile Fundamantals / e-DISC 외 전문가로 활동중이다.
저서로는 「코칭선교사」(북코리아, 2023)가 있다.
E _ j-hayoun@hanmail.net

진정한 나와 마주하는 시간

　직장인의 갭이어, 제2의 인생, 퇴사학교, 이직학교 등은 한동안 직장인들 사이에서 유행처럼 번지면서 직장인들의 거취를 진지하게 고민하게 했던 용어들이다. 최근 이 용어들의 대상 범주는 20대에서 전 연령대에 이르기까지 다양하다. 많은 사람들은 적어도 30~40대가 되면 더 이상 인생의 방황이나 진로에 대한 고민 없이 안정을 찾을 거라고 기대한다. 현재의 자리에서 자신의 역량을 최대한 발휘하며 원하는 일을 마음껏 할 거라고 기대하지만, 현실은 30~40대는 물론이고 전 연령대에서 미래에 대한 불안감과 두려움, 자신의 현재 삶에 대한 불만족 속에서 여전히 방황하는 모습을 보이고 있다. 자신의 적성과 진로에 대한 고민 없이 쫓았던 직업에서 느끼는 현실적인 괴리감, 언제든 세상 밖으로 내몰릴 수 있다는 불안감이 이들의 현재 거취를 고민하게 한다. 누군가는 현상 유지를 위해 애쓰고, 누군가는 더 늦기 전에 자신이 원하는 삶과 행복을 위해 용기 내어 도전하기도 한다. 용기를 내어 새로운 삶을 찾는다는 것은 미래의 행복과 가능성을 위해 현재의 경제적 안정을 대가로 지불해야하는 과감함을 요구한다. 누군가에게는 무모하게 보이는 이 도전을 통해 이들은 진정한 자신과 만나고 진정으로 원하는 삶을 향해 나아가기도 한다.

　나 역시 이런 순간을 맞이했기에 현재의 삶이 만족스럽고 매 순간 현재의 삶에 더 충실할 수 있었다. 2010년대부터 직장인들 사이에서 갭이어가 알려지기 시작했다면, 나는 좀 더 이른 시기인 2000년에 갭이어에 도전했다. 당시 회계학을 전공했던 나는 안정적인 직장에서 회계업무를 하며 20대를 보냈다. 입사 초기에는 새로운 업무를 배우고 숙련해 가는 과정이 즐거웠고, 차츰 해당 분야의 전문가로 성장해 가는 과정에서 보람을 느끼기도 했다. 그렇지만, 해가 더해질수록 변화와 성장보다는 루틴이 된 일상들이 자리를 대체하면서 채워지지 않는 갈증이 시작되었다. 이 갈증을 해소하기 위해 이른 새벽과 퇴근 후의 시간은 자기 계발에 몰입했지만, 이 역시 갈증을 해소해 주지는 못했다. 갈증의 원인은 당시의 업무가 나에게는 직업으로서의 일 이상의 가치나 의미를 주지 못한 데 있었다. 기여와 성장이 삶의 중요한 가치였던 나는 진지하게 진로와 인생 비전에 대해 고민하게 되었고, 30대의 시작은 새로운 환경에서 시작하고자 과감히 퇴사를 결정하였다. 당시 우리나라는 외환위기로 인해 IMF(국제통화기금)의 관리체제에서 완전히 벗어나지 못한 상태였고, 많은 기업이 줄도산하고 직장인들이 대규모 해고를 당하는 등 미래가 불안정한 시기였다. 사실 이런 시기에 미래가 보장된 안정된 직장을 자진 퇴사하는 것은 무모한 모험이었지만, 새로운 환경에서 나를 발견하고, 내가 원하는 삶을 찾는 것이 나에게는 더 절실했다.

결론적으로, 나의 인생 비전을 재정립하기 위해 떠났던 호주에서의 1년 동안의 삶은 내 인생의 가장 탁월한 선택이 되었고, 가장 값지고 소중한 경험이 되어 돌아왔다. 지금도 예전의 직장동료들을 만나면 나에게 묻는다. 그때의 선택을 후회하지 않느냐고…. 그럴 때면, 나는 한순간의 망설

임도 없이 "내 인생에서 가장 후회 없는 선택이었고, 그 때로 다시 돌아간다고 해도 나는 같은 선택을 했을 거야" 라고 말한다.

나는 1년의 짧은 기간 동안, 30년 동안 만나보지 못한 새로운 나를 만나게 되었다. 주변의 시선과 조언, 판단에서 벗어나 오직 나 자신만을 바라볼 수 있는 자유로운 시간 속에서 내가 진정으로 원하는 삶은 무엇인지, 앞으로 어떻게 살고 싶은지, 나의 존재 가치는 무엇인지를 발견하게 되었다. 그 시간은 완전한 자유로움과 진정한 행복이 무엇인지를 알아차리는 시간, 진정한 행복으로 가는 길을 발견하는 시간이었다. 나는 전혀 새로운 나로 리셋 되어 한국으로 돌아왔다.

한국으로 돌아온 후에는 예전처럼 목적 없이 치열하게 살지 않아도 되었고, 모든 사람들과 같은 길에서 경쟁하지 않아도 되었다. 이런 새로워진 나의 모습은 코칭을 만나면서 더욱 확신을 갖게 되었고 나다운 모습, 진정한 나의 모습으로 정착하게 되었다. 나의 존재가치를 발현하며 충분히 행복할 수 있는 일을 찾았기에 이제는 무모한 열정이 아닌, 진정한 열정을 담아 일하고 있다. 어떤 때는 20대 때보다 시간을 더 쪼개며 분주한 나날을 보내기도 하지만, 나의 정신과 마음은 더 풍요롭고 행복하다. 진정으로 내가 원하는 일, 나의 가치와 맞는 일을 하고 있어서다.

나는 코치로서 나를 찾는 고객들이 삶의 변화를 일으키고 성장 동력을 채워가는 모습을 볼 때마다 같은 에너지를 받는다. 그들의 행복이 나에게 전달되어 더 큰 행복으로 나를 채워주기도 한다. 이에 더해 그들의 성장이 나를 한층 더 성장하도록 돕기도 한다. 코칭을 통한 만족과 보람은 일을 넘어서 나에게 힐링의 시간을 선사하고 있다.

자신이 원하는 삶을 찾고자 한다면, 진정한 나를 찾고자 한다면, 스스로에게 질문해 보기 권해드린다.

>나는 지금 어떠한가?
>나의 현재의 삶은 어떤 모습인가?
>지금 하고 있는 일이 나에게 힐링이 되어 만족과 성장으로 보답하고 있는가?
>충만한 행복을 느끼며 감사하는 삶을 살고 있는가?
>내 삶의 온전한 주체로서 내가 원하는 삶을 리드해 나가고 있는가?

만약, 정체를 알 수 없는 불안과 채워지지 않는 갈증이 있다면, 이제는 자신의 마음에 평안과 휴식을 선사하며, 진정한 자신과 만나는 시간이 필요할 때이다. 이를 위해 거창하게 현재의 모든 것을 중단하거나 포기하지 않아도 된다. 꼭 오랜 시간 먼 곳으로 떠나있지 않아도 된다. 자신과 만날 수 있는 약간의 시간과 마음의 여유만 있으면 된다.

진정한 자신을 만나고 싶어 하는 분에게 나의 삶을 풍요롭게 해주고 있는 작은 행복 중에서 '마음의 갭이어'와 '잠자는 감각 깨우기'를 나누고자 한다.

하루 10분! 나와 만나는 시간

하루 10분! 아무에게도 방해받지 않는 자신만의 시간을 만들어보자. 마음의 갭이어를 위해 내 마음 공간을 내줄 수 있는 시간을 만들어보자. 온전한 행복과 평온을 만끽하고 자유를 누리는 시간, 내면의 자신과 온전히 만나며 위로하고 격려하는 시간을 보내게 될 것이다. 그 시간은 하루 중 어느 때이건 괜찮다. 주변으로부터 방해받지 않을 시간이면 충분하다. 10분의 시간을 위해 특별한 장소를 마련하지 않아도 된다. 자신이 있는 곳 어디서든 자신과 조용히 만날 수 있는 환경이라면 어디든 좋다. 사람에 따라서는 일정한 시간과 장소를 정해서 루틴화 하는 것을 좋아하는 사람도 있지만, 누군가에게는 이런 루틴이 부담스런 과제처럼 느껴지며 오히려 마음의 평안을 방해할 수도 있다. 각자 자신이 원하는 스타일대로 환경을 만드는 것이 좋다. 아무리 훌륭한 방식도 자신에게 맞지 않으면 보기 좋은 그림일 뿐이기에 무조건 한 가지 방식만을 고수하지 않아도 된다. 가장 중요한 것은 매일 10분, 온전히 나와 만나는 시간을 갖는 것이다.

이를테면, 평소보다 일찍 일어난 이른 아침의 시간도 좋다. 이른 아침 고요한 정적 속에서 혼자만의 시간을 가질 수도 있고, 아침 산책 중에 혼자만의 시간을 가질 수도 있다. 또는, 직장동료들보다 좀 더 일찍 출근해서 자신만의 시간을 갖는 것도 괜찮다. 점심시간을 이용해 공원 벤치에 앉아서 보내는 것도 좋다. 공원을 산책하는 도중에 잠시 멈추고 자신과 만나는 것도, 모두가 잠든 시간에 조용히 혼자 깨어서 자신과 만나는 것도 좋다. 너무 분주해서 도저히 시간을 낼 수 없다면, 이동시간을 활용하는 방법도 괜찮다. 지하철 같은 대중교통을 이용하는 시간이나, 자차로 운전할 때도 가능하다. 자신만을 위해 집중할 수 있는 10분의 시간만 확보할 수 있으면 된다.

자신과 만날 수 있는 10분의 시간이 확보되었다면, 제일 먼저 주변의 방해와 잡음에서 벗어나 보자. 핸드폰은 무음으로 전환하고, TV 소리, 시끄러운 기계 소리, 음악 소리는 잠시 정지해 보자. 대중교통을 이용하고 있다면, 의식적으로 모든 소리를 차단하고 외부에서 들려오는 소리에 집중하는 것을 멈춰보자. 갑자기 일어날 돌발 상황이 예측된다면, 미리 차단해 놓는 것도 좋은 방법이다. 다만, 마음의 평안에 도움이 되는 자연의 소리들…지저귀는 새 소리, 바람 소리, 나뭇가지가 흔들리는 소리, 흐르는 물소리는 그대로 들리게 하자.

주변의 방해와 잡음들을 차단하였다면, 이제는 자동적으로 생성되는 자신의 생각들도 차단해 보자. 우리의 생각은 한순간도 쉬지 않고 활발히 생성된다. 사실 시간에 쫓기며 정신없이 일하거나 몰두할 때는 잡념이 생길

틈이 없다. 그러다가 잠시나마 여유를 즐기려 하면 다양한 잡념들이 스쳐 지나간다. 누구나 원하든, 원하지 않든 무의식적으로 촉발되는 현상이다. 하루 중 사람들과 있었던 사건들, 예전의 기억들, 불현듯 새롭게 할 일들이 떠오르면서 마음을 분주하게 만들기도 한다. 특히나 부정적인 생각이나 두려움, 걱정, 불쾌한 감정들은 무의식적으로 촉발되기도 한다. 무의식적으로 촉발된 부정적인 생각들은 그냥 내버려 둘 때 꼬리에 꼬리를 물며, 연쇄적으로 이어지고 확대되기도 한다. 기대하며 마련한 시간들을 걱정과 잡념으로 채워버리게 되는 것이다. '생각의 심리학'의 저자 아우구스토 쿠리는 자동 흐름에 의해 생성된 부정적인 생각들을 5초 안에 긍정적으로 전환하라고 권한다. 부정적인 생각이 떠올랐을 때 5초 안에 긍정적으로 활용하지 않으면, 그 생각은 축적되어 제거할 수 없게 된다는 것이다. 다만, 나중에 재편집만 할 수 있을 뿐이다. 무의식적으로 생성된 모든 잡념들을 털어내 보자. 불현듯 생각나는 모든 잡념들에 생각이 머물지 않도록 하라. 머리를 좌우로 흔들고 크게 심호흡을 하며, 다시 맑고 고요한 상태로 만들어 보자.

외부와 내부의 방해에서 자유로워졌다면, 우리는 이 짧은 10분 동안 많은 것을 시도해 볼 수 있다. 내면의 평화를 탐색할 수도 있고, 지친 몸에 넘치는 생명력을 불어넣을 수도 있다. 맑은 정신으로 명료한 판단을 할 수도 있고, 부정적인 감정들을 긍정적으로 전환시킬 수도 있다. 또는, 평소에 알아차리지 못했던 몸이 보내는 신호를 알아차릴 수도 있다. 온전한 평온이 가져다주는 행복과 자유를 만끽하며 가슴 벅차는 충만함을 느낄 수도 있다.

(다음 부분은 사전에 자신의 목소리로 녹음하여 진행해도 좋다.)
자~ 이제 눈을 감아보자. 온몸에 긴장을 풀고 편안한 자세를 취해보자. 편안한 자세에서 크게 심호흡을 해보자. 코로 큰 숨을 들이마신 후, 다시 천천히 코로 숨을 뱉어 보자. 이때, 호흡은 가슴 보다는 복부로 마시는 복식 호흡이 되게 하라. 그런 다음, 따스한 햇살이 얼굴과 온몸을 감싸게 하라. 만약, 실내에 있다면 이 장면을 상상하는 것만으로도 충분하다. 외부 세상의 잡음들과 판단, 조언, 시선들에서 자유로워졌다면 오직 자신의 내면에만 집중할 수 있다. 어쩌면, 자신의 내면에 집중하는 것만으로도 마음의 평화를 누릴 수 있을 것이다. 내면에서 보내는 작은 신호와 느낌만으로도 평온과 잔잔한 행복을 느낄 수 있을 것이다. 만약, 아직 내면의 평화를 느끼지 못했다면 내면 깊숙한 곳의 평화를 탐색해 보자.
'평화, 내 마음속 깊은 곳에 있는 평화, 너를 만나고 싶다. 너를 느끼고 싶다'라고 자신에게 조용히 속삭여 보자.
그런 다음, '깊이, 깊이, 더 깊이, 나만의 평화를 느낀다.'라고 속으로 고요히 말해보자.

내면의 평화를 느끼려는 순간부터 자신 안의 깊숙한 곳에 존재하는 고요한 평화를 만나게 될 것이다. 이 평화는 모든 걱정거리와 초조함, 불만족,

서러움, 허전함, 답답함을 몰아내고 순식간에 고요한 평온과 행복을 누리게 해 줄 것이다. 정신은 맑아지고, 마음은 흔들림 없는 평정심을 갖게 될 것이다. 이제 자신만의 진정한 행복과 자유에 한 걸음 더 다가가게 될 것이다. 내면의 평화는 행복으로 가는 지름길을 안내하며, 어느 순간이든 원하면 지름길을 보여줄 것이다.

하루 10분! 자신의 내면에 집중하며 자신과 만나는 시간을 통해 삶은 한 층 더 만족스럽고 풍요로와 질 것이다.

잠자는 감각 깨우기

사람들은 저마다 세상을 인식하는 방법이 다 다르다. 자신에게 발달된 감각이나, 선호하는 감각으로 세상을 빠르게 인식하고 반응한다. 누군가는 시각이 발달 되고, 누군가는 청각, 누군가는 촉각과 느낌을 선호하고, 누군가는 후각이나 미각이 발달되어 있다. 사람들은 자신이 선호하거나 발달된 감각으로 세상을 인식할 때, 더 빠르고 강하게 음미하며 만족감을 느낄 수 있다.

인도영화 '런치박스'는 잘못 배달된 도시락이 매개가 되어 스토리가 전개된다. 여주인공 '일라'는 평소 소원해진 남편의 마음을 돌리기 위해 정성껏 도시락을 싼다. 이 도시락이 남주인공인 '사잔'에게 잘못 배달되면서 둘 사이의 교류가 시작된다. 부인과 사별하고 은퇴를 앞두고 있는 중년의 사잔이 도시락의 맛과 정성에 감동하게 되면서 무기력에서 차츰 벗어나게 된다. 일라가 만드는 인도의 다양한 음식들과 함께 사람 간의 따스한 온기와 교감의 중요성을 느끼게 해주는 영화다. 때로는 정성이 담긴 맛있는 음식이 외로운 상대의 마음을 움직이게 하고 따스한 온기로 채워주기도 한다. 이 음식이 잠자는 미각을 깨우고 삶의 새로운 행복을 연결하는 단서가 되어준 것이다.

오스카 와일드는 그의 장편소설〈도리언 그레이의 초상〉에서 '영혼만이 감각을 치유할 수 있는 것처럼 감각만이 영혼을 치유할 수 있다.'고 말한다. 우리의 감각들은 잠든 영혼을 깨우기도 하고, 행복으로 연결되는 통로가 되어 주기도 한다. 어느 날, 새롭게 깨어난 감각들에 의해 우리는 행복이란 걸 느끼기도 하고, 살아있는 평범한 일상에 감사하기도 한다. 격랑이던 마음에 평온이 찾아오고, 온전한 정신으로 자신을 바라보게도 한다.

이제 잠자는 감각들을 깨워서 온전한 정신으로 마음의 갭이어를 경험해 보기 바란다.

나의 발달된 감각은 무엇인가?
나는 어떤 감각에 빠르고 예민하게 반응하는가?
나의 잠자고 있는 낯선 감각들은 무엇인가?
내가 미처 발견하지 못한 낯설지만 발달된 감각은 무엇인가?
너무 당연시해서 아직도 빛을 보지 못하고 있는 감각들은 무엇인가?

자신 안에 잠자는 감각들이 있다면, 그 감각들이 영원히 사라지기 전에 찾아보기를 바란다. 그 감각들이 쇠잔해지기 전에 하나씩 찾아서 마음껏 누리고 경험해 보기 바란다.

먼저, 시각을 깨워보자!

그동안 대충보거나 흘려보아서 놓치고 있는 것은 무엇인가?
세상을 있는 그대로 보기 위해 몇 초만 머물 수 있다면, 그동안에 보지 못했던 사소한 것들을 발견하게 될 것이다. 사소한 것 하나하나를 자세히 살펴보면서 알게 되는 것들이 놀라운 즐거움을 선사할 것이다. 구피가 막 낳은 새끼들의 작은 움직임, 앙상하게 말라버린 나무줄기에 맺혀진 작은 초록 봉우리가 주는 감동, 비온 뒤 맑게 갠 세상이 전해 주는 상쾌함, 선명하게 뻥 뚫린 시야가 마음까지 뻥 뚫리게 하는 시원함을 경험하게 될 것이다. 변화무쌍한 하늘빛에 따라 움직이는 마음이 느껴지기도 하고, 계절에 따라 변하는 자연의 빛깔들이 낯선 감정들을 느끼게 할 것이다. 우연히 집어든 책에서 발견하는 놀라운 즐거움도, 벽에 걸린 익숙한 그림에서 발견하는 새로움도, 책장 위의 오래된 사진들이 전해주는 행복했던 추억들이 우리를 미소 짓게 할 것이다. 있는 그대로를 볼 수 있는 시력이 있을 때, 시각을 깨워 세상을 마음껏 둘러보길 바란다. 깨어난 시각이 연결해 주는 행복의 순간을 깊이 만끽해 보기 바란다.

다음은 청각을 깨워보자!

청각이 발달된 사람들은 대체로 소리나 음악에 민감하고 기억을 잘하는 편이다. 이들은 '바다'라는 단어를 연상할 때도 푸른 바다 보다는 '쏴아 쏴~' 부서지는 파도소리나 '끼룩 끼룩' 갈매기 소리를 먼저 떠올린다. 감동적인 영화를 연상할 때도 장면보다는 영화의 배경음악이나 주인공의 대사나 목소리를 떠올린다. 이들은 소리로 세상을 경험하고, 소리로 쉼을 얻고 위안을 받는다. 행복의 단서를 소리에서 발견하는 것이다.

tvN의 로맨틱 드라마 '사랑의 불시착'에서는 남주인공 리정혁이 작곡한 곡이 매개가 된다. 리정혁이 자신의 죽은 형을 위해 작곡했던 곡이 여주인공 윤세리에게 살고 싶은 의욕을 일깨워 준다. 외롭고 죽고 싶어서 떠났던 마지막 여행지에서 우연히 처음 듣게 된 선율…아련하고 감미로운 선율이 그녀의 잠자는 감각을 일깨워 준 것이다. 깨어난 감각이 꺼져가는 영혼에 연결되어 단숨에 생명력을 복원시켜 준 것이다.

우리의 잠자는 청각을 깨워서 행복의 단서로 만들어 보자.
아침에 지저귀는 새소리, 바람에 스치는 나뭇잎 소리, 조용하게 내리는 비 소리, 감미로운 음악 소리는 우리에게 마음의 평안과 고요함을 선사한다. 무심코 흘겨 부르는 노래에 가슴이 뭉클하고, 불현듯 들려오는 음악 소리에 심장이 고동친다. 이 소리들은 옛 추억에 앵커링(anchoring)* 되어 순간의 행복감에 빠지도록 우리를 감싸기도 한다. 지나가는 사람들의 웃음

소리, 고양이가 가르랑거리는 소리, 일요일 아침 놀이터에서 들려오는 아이들의 시끌벅적한 소리, 가끔씩 들려오는 경적 소리는 우리의 청각이 건강하다는 것을 새삼 느끼게 해준다. 하던 일을 잠시 멈추고 조용히 귀 기울여 보라. 청각을 통해 전달되는 행복감이 지금, 이 세상에서 살고 있음을 강렬하게 느끼게 해 줄 것이다.

이젠, 촉각을 깨워보자!

엄마 자궁 속의 따뜻하고 촉촉한 양수 속에서 느꼈던 안정감과 자유로움을 다시 한번 누려보자. 어릴 적 엄마 품에 안기며 느꼈던 따스하고 익숙한 느낌을, 부드러운 손길이 주는 편안함을 느껴보자. 사랑하는 아이의 머리를 쓰다듬듯 자신의 팔과 다리를 부드럽게 마사지해 보자. 뭉친 근육이 풀어지듯 굳었던 긴장이 서서히 풀어지면서 전해지는 온몸과 마음의 평온함을 느껴보자. 어느새 스르르 잠에 빠지며 모든 긴장과 피로를 내려놓는 순간을 경험해 보자. 마음의 평화와 고요가 가져다주는 여유가 자신을 관대하고 인자한 사람으로 만들어 줄 것이다. 손을 뻗어 부드럽게 반려동물을 쓰다듬어 보자. 피부를 감싸는 옷감의 부드러운 촉감도 느껴보자. 손끝에 전달되는 따스한 촉감은 어느덧 마음의 생채기를 어루만져 주며, 포근히 감싸줄 것이다.

---

*앵커링(anchoring, 정박효과): 일관된 정서 반응을 불러일으키는 감각적인 자극. (이범석, Awakening NLP)

자~ 이제는 맨발에 닿는 느낌도 경험해 보자. 해변가 모래 위를 맨발로 걸을 때 느껴지는 까칠하지만 포근하게 밀려들어 가는 느낌을 경험해 보자. 공원 잔디 위를 걸으며 폭신하게 발바닥에 닿는 잔디도 느껴보자. 발가락 사이를 비집고 들어와 간지럽히는 잔디들을 느껴보자. 촉촉하고 미끌미끌한 갯벌 속에 발을 밀어 넣어도 보고, 딱딱하지만 왠지 모를 건강함이 느껴지는 황톳길을 맨발로 걸어보기도 하자. 발바닥을 간지럽히는 감촉들이 낯설고 새롭게 느껴지지만 이내 부드럽고 포근하게 자신을 감싸줄 것이다. 어른이 되면서 투박하게 굳어져 버린 촉각들을 하나씩 깨워보자. 돌처럼 굳어져 완전히 감각을 잃어버리기 전에 부드럽게 만들어 보자.

후각이 주는 즐거움도 누려보자.

후각은 조용하지만 빠르게 우리의 옛 기억을 되살려 주기도 한다. 예기치 않은 순간에 행복하고 즐거웠던 옛 기억들이 재생되면서 심리적 갈증을 해갈해 주기도 한다. 사막의 오아시스처럼 마른 갈증을 적셔주며 삶에 감사할 수 있는 여유를 가져다주기도 한다.
누구에게나 오아시스 같은 기억의 한 단면이 있을 것이다. 나에게는 귤이 후각의 오아시스다. 귤의 한쪽 껍질을 벗기는 그 순간, 나는 새콤한 귤의 향기와 함께 행복했던 순간이 재생된다. 어릴 적 추운 겨울날, 저녁 늦게 퇴근하신 아버지가 웃옷 안쪽 주머니에서 꺼내주신 귤 한 알이 떠오른다. 크고 단단했던 노란 귤, 얇은 귤껍질을 벗길 때 톡톡 튀는 즙과 함께 사방으로 퍼져갔던 귤 향기가 생생하다. 새콤하고 향긋했던 귤 향기와 껍질

속의 꽉 찬 알맹이, 행복한 가족들의 모습이 하나의 이미지가 되어 뇌리 속에 각인 되었다. 나는 어른이 된 후에도 귤의 껍질을 한 번에 다 벗기지 않는다. 껍질을 조금 벗기고 난 후, 먼저 귤의 향기를 크게 들이마신다. 후각을 자극하는 귤의 향기가 가져다주는 옛 기억의 행복한 순간을 충분히 누린 후에야 귤을 맛보기 시작한다.

후각은 옛 기억을 재생시키는 단서가 되기도 하지만, 현재의 만족과 위안을 가져다주기도 한다. 집집마다 현관을 들어설 때 느껴지는 고유한 향기가 그렇다. 원목 가구 냄새, 책 냄새, 섬유유연제 냄새, 허브 향, 천연 디퓨저의 익숙한 향기들은 피곤한 몸을 감싸며, 드디어 나의 공간에 도착했다는 안도감과 편안함을 가져다준다. 또는, 자신이 좋아하는 향기들로 힐링을 누리기도 한다. 숲 내음이 폐의 깊숙한 곳을 채우기도 하고, 비온 뒤의 땅 내음이 마음의 빈자리를 채우기도 한다. 씁싸름하고 구수한 아메리카노의 향이 정신을 맑게 하고, 향긋한 허브 향들이 가라앉은 기분을 밝게 만들기도 한다. 우리는 우리의 후각을 통해 전달되는 향기만으로 아름다운 추억이 재생되고, 현재의 만족과 즐거움을 경험할 수 있다. 단지, 지금 호흡과 함께 전해지는 향기만으로 말이다.

마지막으로 미각을 깨워보자.

　미각은 누군가에게는 가장 소중한 감각일 수도 있고, 삶의 즐거움을 가져다주는 직접적인 감각일 수 있다. 요즘 방송이나 유튜브, SNS마다 맛집이나 먹방을 소재로 한 내용들이 주류를 이루고 있다. 어린아이부터 노년에 이르기까지 맛있는 음식을 찾아다니고, 맛깔나게 먹는 모습을 보여주면서 우리의 식욕을 자극한다. 그들이 맛있게 먹는 맛은 어떤 맛인지 직접 경험해 보고 싶고, 그 만족감을 누리고 싶어서 어떤 이들은 전국을 찾아다니기도 한다. 맛이 주는 직접적인 즐거움으로 행복을 누리고 싶은 이들이다. 음식을 즐기지 않는 이들에게도 미각은 소소한 즐거움과 회복력을 가져다주기도 한다. 음식을 입 안 가득 베어 물 때 맛보는 신맛, 단맛, 짠맛, 쓴맛 외에도 식감과 풍미가 더해져 소소한 즐거움을 가져다준다. 대체로 감기몸살이나 몸이 아플 때, 미각을 잃게 되고 온몸의 기운이 빠지는 경험을 하게 된다. 그렇게 한참을 앓고 나면 비로소 미각이 되살아나면서 몸이 다시 회복되는 경험을 하게 된다. 또는 심하게 아픈 상태에서도 자신이 좋아하는 음식을 먹는 것만으로도 이내 몸이 회복되는 것을 느끼기도 한다.

미각을 통해 전달되는 음식의 맛은 아픈 몸을 회복시키기도 하고, 지친 영혼에 생기를 불어 넣기도 한다. 잭 캔필드는 '영혼을 위한 닭고기 수프'에서 할머니가 손수 끓여주셨던 닭고기 수프를 소개한다. 감기몸살에 걸렸을 때 할머니가 끓여주셨던 닭고기 수프는 그의 감기를 낫게 하고 지친 몸을 회복시켜 준다. 미각을 통해 전달된 따뜻한 온기가 지친 몸을 치유하고, 평안과 위로를 전해주는 것이다.

아직 미각을 느낄 수 있다는 것은 우리가 건강하다는 신호이고, 미뢰가 계속 재생되고 있다는 신호이다. 미뢰는 나이가 들수록 재생이 둔화된다. 몸의 노화와 함께 단맛, 짠맛에 둔감해지고, 신맛, 쓴맛에는 민감해지게 된다. 우리의 미뢰가 왕성하게 재생될 때, 음식이 주는 맛의 즐거움을 마음껏 누려보기를 바란다. 맛의 즐거움과 그 너머에 있는 영혼의 치유와 행복을 누려보기를 바란다.

명심하라! 위 모든 감각들은 한정판이기에 곧 쇠잔해질 수 있다. 이 감각들이 생명력 있고, 왕성할 때 흔들어 깨워야 한다는 것을…우리의 감각들이 쇠잔해지기 전에 감각이 주는 영혼의 행복을 마음껏 누려야 한다는 것을 명심하길 바란다.

행복은 거창한 것에 있지 않다

　우리의 행복은 거창한 것에 있지 않다. 드라마틱한 행복의 유효기간은 짧지만, 스스로 찾아낸 소소한 행복과 감사는 유효기간 없이 반복하여 재생된다. 마음의 갭이어는 우리에게 많은 것을 포기하도록 요구하지 않는다. 코치가 아니라도 누구나 쉽고 간단하게 적용해 볼 수 있다.
진정한 나와 마주하는 시간, 하루 중 10분!
마음 공간의 작은 일부만 내어준다면, 삶은 지금보다 훨씬 풍요롭고 감사가 넘치는 삶이 될 것이다.

일상의 꽃피움,
도파민리모델링코칭

차운정 박사(Ph.D.)
차운정 코치는 교육학박사·간호교육석사이며, 한국코치협회(KCA) KPC, 국제공인 NLP Trainer & Consultant(NLP University, 퀀텀어웨이크닝스쿨), (주)아시아코치센터 FT코칭강사, APCC, (현)아주대학교병원 간호사로 재직중이다.
E _ rnwjcha@naver.com

코칭의 힘, 아름다운 변화와 성장 여정

"내 안의 가득한 충만감을 만나고 반짝반짝 빛나는 별이 되기 위해 힘써 나아가세요. 배움을 향해 나아가는 사람의 눈빛은 진심 어린 눈빛입니다. 바로 코치의 눈빛은 이렇게 살아있어야 합니다." 스승님께서 주신 말씀입니다.

코칭의 힘은 클라이언트의 아름다운 기억이 살아 숨 쉬는 시간으로 안내하고, 그 아름다움을 현재의 에너지로 전환하는 능력에 있습니다. 코칭은 과거의 경험을 소환하는 것뿐만 아니라, 그 경험들을 현재와 미래의 자원으로 전환하는 아름다운 여정입니다. 이 과정에서 코치는 마법사처럼 클라이언트의 내면에 숨겨진 보물을 발견하고 그 보물을 필요한 순간에 활용할 수 있도록 돕습니다.

그 경험에 새로운 의미를 부여하고 클라이언트가 과거, 현재와 미래를 건강하게 살아가는 힘을 제공합니다. 코치를 통해 다시 만난 나의 유년 시절! 그 보석 같은 기억들이 소중한 유산이 되어 저를 고양하는 데 큰 힘이 되었습니다. 그 시간부터 코칭에 대한 신뢰가 깊어졌습니다. 눈부시게 아름다운 날의 기억을 색칠하며 더듬어 표현해나가는 과정에서 삶에 대한 통찰과 성장의 기회를 가질 수 있습니다. 코칭으로 되살아난, 눈이 부시게 아름다운 날을 잠시 스케치해 봅니다.

다시 찾은 아름다운 유년, 그해 여름은 코끝 매운 물맛이다

건강한 구릿빛으로 반짝반짝하게 그을린 녀석들이 먹 감을 때 느끼는 맛! 수영이라 들이밀 수도 없는 개헤엄을 치다 누가 시작하는지도 모르는 물싸움에 시원하게 퍼 맞는 코끝 찡한 바로 그 맛! 눈물 맛, 콧물 맛이 죄다 버무려진 알싸한 매운 맛이 바로 나의 여름 맛이다. 저만치에 아직 작은 키라며 저수지 근처에는 얼씬도 못 하게 하는 중학교 언니 오빠들이 밉다. 그 거만한 표정과 커다란 손짓이 아직 키 작은 피라미 우리네를 웅덩이로 밀어 보낸다. 싸움에서 패배한 군인과 같은 울분을 가슴에 담아둔다.

"이담에 내가 중학생 되면 보자!" 하고 이를 악문다. 이내 몸을 돌려 내 수준에 맞는 곳을 찾아 나선다. 그 시꺼멓고 햇볕에 구릿빛으로 반질반질해진 동무들과 손잡고 찾아가던 곳! 정자나무 아래 아담한 개울 아지트! 눈이 부시도록 환하게 빛나는 바위들 사이에 아늑하게 자리 잡은 어린 시절 먹감기 둠벙! 그곳은 우리 피라미들이 놀기엔 그야말로 안성맞춤이었다. 한참을 물놀이 하다 놀러 간 햇빛이 쏟아지는 넓디넓은 운동장은 땅에서 올라오는 열기로 뜨겁다. 다시 한참을 운동장에서 뛰어논다. 또 한 번 땀을 식히러 나무 그늘을 찾아 방문한 곳은 초등학교 뒷동산이다.
여름방학 한가운데서는 개미 소리 하나 들리지 않는 학교 소나무 그늘이 최고의 휴식처다. 바로 옆 6학년 최고 언니 오빠 교실에서도 공부 소리가 들리지 않는다. 땡볕 아래 고요와 적막이 흐른다. 이윽고 오후 늦게 먹 감으러 갔던 아이들이 돌아오는 기척이 나고서야 소나무 그늘도 생기를 찾는다. 매미 합창 소리가 하늘보다 높다. 중간중간 방학 숙제로 곤충채집, 식물채집 하는 부지런한 친구가 보인다. 한 무더기 아이들이 괜스레 교실에 놀러 들어가는 소리가 나온다. 교실은 나무 바닥이고 양초로 청소한 바닥은 반들반들 윤이 나 있다. 양말을 신고 들어가면 미끄러워 넘어질 정도다. 시원한 교실에서 맨발로 지저귀는 아이들 소리가 정답다.

초등생이던 막내인 내게 주어지는 한 가지 숙제가 있었다. 여름방학 전후로 주어지는 어마어마한 아주 큰 일이다. 진학한 언니 오빠들을 대신해서 인삼밭 풀을 뽑는 일이었다. 매일 한 고랑씩 깔끔하게 풀을 뽑았다. 왜? 당연히 인삼이 잘 자라도록 하기 위해서다. 폭신한 인삼 밭고랑 흙을 방석 삼아 깨끗이 풀을 뽑는 어린이에게 주어지는 선물이 있다. 바로, 삼장이 주는 시원한 그늘과 흙 내음, 풀 내음 그리고 엄마께서 인삼밭 고랑 초입과 끝에 선물처럼 심어 두셨던 진한 더덕 향기다!
그중에 최고는 싱싱한 진녹색 인삼 줄기 위로 빨갛게 열린 붉디붉은 통통한 인삼 열매들! 그 알알이 어린 내 눈에도 하도 예뻐서 열매 한 알 슬쩍 따내어 그 보드라운 몸을 살짝 터트린다. 나도 모르게 슬며시 코로 가져가 내음을 맡는다. 혹시 인삼 씨에서도 인삼 내음이 날까? 살포시 스며 나오는 것 같다. 다음 해에 파종하여 또 다른 어린 세근(細根)이 나오게 해야 하는 터라 여물지 않은 인삼 씨 딴 것을 엄마에게 들킬까 슬쩍 감춘다. 안도감에 씨익 웃는다. 뜨거운 여름 햇빛을 가려주는 삼장의 넉넉함과 인삼의 건강한 풍요로움, 그 알싸한 향긋함이 나의 여름 기억이다.

나의 유년 행복 보따리를 풀어 놓는 순간, 마치 그 시간을 다녀온 것 같은 짙은 여운에 그만 저는 한참을 울었습니다. 다시 생각해도 그 아름다움에 벅찬 뜨거움이 올라옵니다. 유년시절 회상 이후로 내면의 힘이 필요한 순간이 오면 저는 그 아름다운 기억 상자를 열어 보석을 꺼내어 봅니다. 그 아련한 어린 기억의 작은 한 장면이 이렇듯 마음 안에 자리 잡고 있으면서 세상을 살아가는 나에게 큰 힘이 되고 있습니다. 그 힘은 코치를 통해 세상 밖으로 나와 꼭 필요한 순간에 아름다운 자신감을 채워주곤 합니다. 우리 마음 깊은 곳에는 너무도 소중하지만, 미처 꺼내 보지도 못한 아름다운 보석이 많습니다. 이제는 그 보석을 묻어두지 말고 꺼내어 빛나게 하는 것이 어떨지요? 아끼는 것은 아낌없이 보아야 합니다!

생명을 살리는 코치의 열정

이 글을 시작할 무렵, 나의 작은 정원에서는 기적이 일어났습니다. 7년 전 교육부서로 자리를 옮기며 기념으로 다육이를 2개 구입했는데, 작은 몸체에 튼실하게 잘 자라 고마워하고 있었습니다. 푸른 빛을 띄워 공간을 살렸지요. 새로운 부서로 발령받아 다육이 자리를 집으로 옮겨온 지난봄, 정원을 관리하던 중 아차 하는 순간 그 하나의 몸체를 거의 부러트렸습니다. 그 자리에 털썩 주저앉아 섬세하지 못한 제 손을 원망하며 한참을 들여다보았습니다. 살려보겠다는 일념으로 지지대를 세워 의지하게 했습니다. 아이처럼 스카치테이프를 붙여보기도 하고 부드러운 끈으로 묶어도 보는 등 야단법석을 했습니다.

1주일 정도 되자 다육이는 시들해지며 푸른 빛이 약해져 갔고 탄력을 잃으며 작아져 갔습니다. 직사광선을 피해 자리를 옮겨줘 보고, 바람이 잘 통하는지 확인도 했습니다. "제발 다시 건강해져라." 매일 들여다보며 속삭였습니다. 푸르른 다른 다육이와 식물들 속에 점차 작아지며 탄력을 잃어가는 모습이 안타까워 부러진 몸체를 아예 떼 버릴까 생각했지만, 몇 년간 나의 공간을 잘 지켜주고 친구 되어 함께 해준 다육이를 애도하는 시간이 필요할 것 같아 조금만 더 작은 정원에 그대로 두기로 했습니다. 그러고 나서 한동안 미안한 마음에 가까이 가지 않았습니다. 3주 정도 지났을까요? 퇴근 후 물을 주러 정원에 나갔다가 깜짝 놀랐습니다. 탄성이 절로 나왔지요. 거의 죽었을 것으로 생각한 다육이가 푸른 기운이 돌아오는 것이었습니다. 가느다란 몸체 한쪽만을 겨우 의지한 채 가지들 끝에 아기 같은 연둣빛을 머금으며 말입니다. 마치 "나 여기 있어요" 하는 것처럼요. 말라가던 몸체도 물이 오르고 말입니다! 얼마나 고맙고 기쁘든지 가슴이 막 뛰고 눈물이 핑 돌았습니다. 게다가 몇 주 후엔 부러진 줄기 바로 옆에 놀랍게도 어린줄기가 살포시 돋아나고 있었습니다. 지난 수년간 마음 앓이를 하며 근무한 부서에서 다육이는 나를 향한 작은 기쁨이었습니다. 그런 다육이를 내 손에 의해 잃는 것 같아 정말 미안하고 마음이 아팠던 제게는 정말 기적 같은 사건이었습니다.

무엇이 죽을 것 같던 다육이를 다시 살아나게 했을까요? 여러 이유가 있겠지만 적당한 일조와 바람, 그리고 정성스러운 관심의 손길과 애틋한 마음의 힘이 아니었을까 생각합니다. 죽어가는 것을 살려내는 사랑의 힘에 저는 깊은 감동을 받았습니다.

작은 생명을 향한 관심과 존중, 그리고 감사의 힘을 경험했습니다. 지렛대의 원리처럼 코치의 작은 힘과 지극한 관심이 우리 주변을 살리는 큰 힘이 될 수 있습니다. 브라질 레인 포레스트에 사는 작은 나비의 날갯짓이 히말라야산맥에 큰 산사태를 일으키듯, 코치의 작은 관심 하나하나가 세상을 바꿀 수 있을 것입니다.

코치가 눈을 밝혀 사랑의 눈으로 세상을 들여다보면 죽어가는 것에 새 생명을 불어넣을 수 있습니다. 코치로서 이 사랑의 힘을 모아 아름다운 변화를 만들어 가는 데 일조하고 싶습니다. 내일은 작은 정원에 산들바람이 찾아오면 좋겠습니다.

통례적인 교육에서 변화를 위한 코칭으로

모든 시작은 기대와 설렘으로 아름답습니다. 인생에 있어 가장 행복할 때는 언제일까요? 무엇인가를 시작할 때가 가장 행복하다고 합니다. 원하는 대학에 입학했을 때, 기대하던 직장에 입사했을 때, 사랑하는 사람과 결혼할 때, 그리고 원하는 공부를 시작할 때 등입니다. 수많은 과정을 겪고 교육의 변화가 필요한 지점에서 또 한 번 삶의 의미를 찾게 되었습니다.

간호사로 30여 년 환자를 간호하고 관련 업무를 수행하며 "조금 더 건강한 환경에서 환자와 직원이 함께 만족하도록 할 방법은 무엇인가"라는 생각을 자주 했습니다. 교육부서에서 근무하며 교육을 통해서 획기적으로 의료인의 어려움과 소진감을 줄일 수 있을 것이라 희망을 품었습니다. 환자의 편안한 회복과 직원의 밝은 웃음을 꿈꾸면서 말입니다. 이때 저는 모른다는 것을 모르는 단계에 있었습니다. 능력 없이 에너지만 발로하는 무능력 상태였습니다.

의료현장에서 최대의 적은 의료인의 소진감이고 그 해결방법은 스트레스 상황에서의 회복탄력성이라고 생각했습니다. 교육을 준비하는 직원들이 생각처럼 모두 현장을 이해하는 것은 아니었습니다. 오히려 '왜 그럴까?'라는 의문으로 이해보다는 서로 간 생각의 평행선을 그려가는 모습을 보고 고민하게 되었습니다. 수많은 평가와 인증 준비 교육은 예상되는 프로그램이 대부분입니다. 대부분 이벤트성 프로그램이거나 단기적 성과 중심의 교육이라서 장기적 안목으로 기획되는 교육이 더 필요했습니다. 시간이 갈수록 직원을 위한 실질적으로 필요한 교육과 지원이 무엇인가를 깊이 고민하였고 변화를 위한 코칭을 스스로 선택하고 공부하게 되었습니다.

현장 감각을 살리는 코칭

같은 시간, 같은 노력이라면 소그룹에 집중하는 것보다 집체교육으로 성과지표를 높이는 것이 나을 것이라는 한 기획자의 말에 당황했습니다. 기획자의 현실 집중적인 말이 귓가를 맴돌았습니다. 그러나 진정으로 현장을 책임지고 있는 직원의 어려움과 필요를 알아주는 교육이라면 집체

교육의 훑기식 교육보다 직원을 위한 심화교육, 긴 호흡의 교육이 더 필요한 상황이었습니다.

"그 부서는 안 돼요", "왜, 안 되는 부서에 투자하고 에너지를 빼야 할까요?"라는 상상외 반응에 저는 이렇게 대응합니다. "그래도 교육부서 만큼은 포기하지 않고 계속 시도해야 한다고 생각합니다", "그 부서는 업무도 중요하고 개선하도록 도와주어야 하는 부서입니다"
"예전에도 해봤는데 돌아오는 반응이 별로였어요.", "오히려 돈만 쓴다고 피드백이 오더군요", "차라리 그 에너지를 몇백 명 모아서 하는 교육에 쓰는 것이 어때요?", "그 에너지를 쓰는 선생님이 너무 힘들 것 같아서 그래요."라는 말들이 오고 갑니다. 그때 저는 교육자로서의 정체성을 찾기 위한 시도를 하게 되었습니다.
"모두 포기해도 교육자만큼은 계속해야 한다. 사람은 언제나 변할 수 있다고 믿어야 한다. 희망을 가져야 한다."라고 생각했습니다. "조금 느리게 가더라도 계속 시도해야 한다."라고 말입니다. 혼란스러운 시간 속에서 많은 고민에 잠겼습니다. 실망감이 커져 새로운 아이디어조차 떠오르지 않았습니다. 그러던 중 다른 업계에 계신 선배를 만날 기회가 있었습니다. 선배의 사무실에서 우연히 한 권의 책을 발견했는데, 그것은 코칭에 관한 책이었습니다. 무엇인가에 이끌렸던 것일까요? 그 책을 선배에게 부탁하여 가져왔습니다.
책을 읽던 중 십여 년 전 한 워크숍에 참석했다가 옆에 계신 분과 코칭에 관해 대화했던 기억이 났습니다. 그 당시 그분은 중학생을 둔 엄마이자 교사였습니다. 엄마로서도 교사로서도 역할에 한계가 느껴져 새로운 방법을 찾던 중 코칭 공부를 소개받았다는 것입니다. 그때는 그 열정적인 모습에 "참 대단하시다"라고 칭찬하며 부러워했던 기억이 있습니다. 코칭 책을 열어보며 사람은 배우는 것도 찾아오는 시기가 있다는 생각이 들었습니다. 책장을 넘기는 순간, 과거에 못다 한 아쉬움이 귀중한 피드백으로 전환되는 순간을 경험했습니다. 읽는 내내 희망이 스멀스멀 올라왔습니다. 내 마음에 충족하지 않은 교육이라면 충족한 교육으로 만들어 가면 됩니다. 문제를 발견했다면 그것은 문제를 해결할 기회가 도래했다는 신호이기 때문입니다.

사람은 누구나 자기에게 필요한 자원을 가지고 있다고 합니다. 어느 누군가 할 수 있다는 것은 다른 사람도 할 수 있다는 뜻이기도 합니다. 저 사람도 하고 그 사람도 하는데 이 사람은 할 수 없을까요? 세상에는 '망가진' 사람은 단 한 명도 없습니다. 우리 각자는 고유한 방식으로 완전하고 누구에게나 성장의 기회는 존재합니다.

코칭 공부와 코칭 꽃피우기

꽃다발 같은 책을 발견하다

교육부서에 근무하며 역량을 높이기 위해 학습을 지속하고 여러 방법을 모색하다 그즈음 사회 선배의 책장에서 우연히 코칭 관련 책을 발견했습니다. '관심이 가는 곳에 에너지가 흐르고 에너지가 흐르는 곳에 나의 인생이 간다.'라는 말이 이럴 때를 두고 하는 말인 듯합니다. 그 책은 저에게 꽃다발 같은 존재였습니다. 온통 관심이 환자와 하루 내내 애쓰며 업무 수행하는 직원의 마음에 가 있으니 그 고민을 유심히 보고 해결하고자 하는 마음이 책을 발견하게 이끌었던 것 같습니다. 내용 이해가 쉽지 않고 진도가 나가지 않아 고민하다 문득 결론을 내립니다. "병원 직원이 밝은 에너지를 갖게 하자! 의미 있고 행복한 업무를 할 수 있도록 도와주자! 그것을 위해 코칭이라는 도구를 사용해 보자. 코칭 책을 급하게 읽지 말고 천천히 음독해 보자." 업무 시작 전 사내 조용한 회의실을 찾아 집중해서 소리 내 읽고 이해가 될 때까지 그 책을 몇 차례 반복하여 읽었습니다. 제가 근무하고 있는 병원은 시스템이 안정적이고 여러 평가 및 인증을 통해 세계적으로 인정받는 대학병원입니다. 직원 교육 역시 표준에 맞춰 철저히 이루어지고 있습니다. 그러나 교육이 지속되면서 직원들 사이에는 "나는 이미 그 내용을 알고 있다."라는 생각으로 새로운 인사이트를 얻기 어려운 현상이 발생합니다. 반복되는 교육은 간혹 "이미 알고 있으니 모든 것을 할 수 있다"라는 잘못된 신념에 빠지게 할 수도 있습니다. 그러나 아는 것과 실제로 행동에 옮기는 것은 분명 다릅니다. 이는 현장의 피드백을 통해 명확히 증명되고 있습니다. 교육 참여자의 지식이 쌓일수록 오히려 교육 효과가 반감되는 것을 경험했습니다.

이러한 현상들을 해결할 새로운 대안으로 사랑하는 직원과 동료를 도울 방법으로 코칭을 선택했습니다. 우리는 모두 바쁜 일상에서 살아가고 있지만, 내가 하는 일의 의미를 되돌아보고 생각하게 하는 시간이 필요합니다. 주변을 객관적으로 바라보고 반복되는 문제를 냉철하게 관찰할 수 있는 관찰의 힘과 새로운 시각이 필요합니다. 평범한 일상에서 미래를 발견하고 우리의 존재가치를 깊게 성찰하는 동기부여가 중요합니다. 이 모든 것을 가능하게 하는 도구가 바로 코칭입니다.

공부도 습관이라 공부를 하는 사람은 평생 공부를 한다고 합니다. 그러나 필요한 공부를 하는 사람들은 종종 자신이 만족하는 프레임 안에 갇혀 있습니다. 이 틀을 벗어나 느리게 가더라도 계속해서 배움을 추구하는 사람이 진정으로 발전합니다. 이 시기는 스스로 무엇을 모르는지 인지하고, 무엇을 더 배워야 할지 깨닫는 중요한 순간이었습니다. 저는 불완전한 앎이지만 의식적으로 앎을 활용하는 단계를 맞이했습니다.

새벽까지 이어지는 코칭의 향연

코칭 공부를 함께 한 도반들은 인생의 스승 같은 존재입니다. 전 세계에서 활동하는 코치들이 줌을 통해 양질의 코칭교육에 참여하였습니다. 마카오, 미국, 베트남, 인도, 캐나다, 터키, 태국, 호주 등 다양한 국가에서 생활하며 코칭을 공부하는 자기 삶의 현장을 생생하게 전달했습니다. 시차 문제로 새벽에도 진행하는 코칭 실습에 어려움이 있었지만, 이는 오히려 즐거운 도전이었습니다. 각자의 아름다운 자연과 사회적 분위기를 공유하며 기쁜 마음으로 화답하고 적극적으로 참여했습니다.

코칭 공부의 연령대는 20대부터 70대까지 매우 다양했으며 직업도 간호사, 강사, 경찰, 교사, 교수, 대학원생, 목사, 방송인, 선교사, 프리랜서, CEO까지 다채롭고 진정한 인생 수업의 장이었습니다. 어느 곳에서 이토록 다양한 분들과 오랜 시간 동안 집중하며 학습할 수 있을까요? 전쟁 중인 나라의 인접 국경에서 지내면서도 코칭에 대한 열정으로 위험을 무릅쓰고 수업에 참여한 모습은 깊은 감명을 주었습니다. 수업 시작 전, 우리는 화면을 통해 서로의 근황을 나누고 관련된 에피소드를 공유하며 배운 내용을 성찰하는 시간을 가졌습니다. 자신을 솔직하게 드러내는 따뜻하고 아름다운 눈빛에 감탄합니다. 그 아름다운 마음을 함께 느끼며 웃고 울었습니다. 이렇게 아름다운 존재들과 함께 몰입하여 코칭을 공부하는 행운을 가졌습니다.

꽃피움코치의 코칭이야기

도파민리모델링(dopamine remodeling)코칭을 처음 도입하다

저는 대학병원 간호사로서 현장과 교육부서에서 경험을 쌓았습니다. 오랜 시간이 지난 후 다시 현장으로 돌아왔을 때, 뼛속까지 각인되었는지 간호사 현장 감각은 놀랍게도 빠르게 회복되었습니다. 다양한 경험을 거친 후 다시 돌아오니 현장을 바라보는 시각이 더 확장된 것을 느꼈습니다. 그동안의 경험과 학습은 꽃을 피우기 위한 시간이었습니다. 이제는 접힌 주름을 펼쳐 열어 꽃피우는 과정으로 가려 합니다. 최근 내원하는 환자를

분석해 보니 장년층과 노인층 환자가 60% 이상을 차지하고 있었습니다. 저는 의료인이자 코치로서 마침 중장년과 노년층을 위한 '안전한 건강 코칭'에 관심이 많았기에 이분들과 귀한 만남에 간호뿐만 아니라 코칭도 적용하여 도움을 드리기로 했습니다.

현대인들의 도파민 중독 문제는 건강에 부정적인 영향을 미칩니다. 강한 자극과 잘못된 일상습관은 건강에 도움 되지 않는 경우가 많습니다. 특히 중장년층의 성공적 노화를 위해서는 건강에 대한 습관 조정이 우선시되어야 한다는 연구 결과가 있습니다. 문명의 발전은 편리함을 추구하면서도 도파민을 자극하는 새로운 욕구를 불러일으킵니다. 즉, 조금 더 자극적인 것을 원하는 도파민 중독 증상이 나타납니다. 도파민 중독이 가져온 중장년층의 가속노화는 새로운 사회문제로 대두되고 있습니다. 이는 노년기의 건강위협으로 다가오게 됩니다. 저는 주변의 이러한 문제를 해결하기 위해 도파민 중독으로 이어지는 습관을 인식하고 건강한 습관을 재정립할 수 있도록 돕는 과정을 '도파민리모델링코칭'이라 명명하고 처음 도입하여 코칭을 시작하게 되었습니다. 이제, 간호와 코치를 결합한 '도파민리모델링코칭'의 실제 사례를 소개하겠습니다.

방문한 환자를 간호하며 자연스럽게 대화가 이어집니다. 환자는 주사 맞는 동안 최근 악화된 건강상태에 대한 아쉬움을 토로합니다. 젊은 시절의 건강을 회상하며 최근 나타난 여러 증상과 고통에 대해 매우 속상해합니다.

코치: 오늘 검사 결과, 어떤 소식을 들으셨어요?

고객: 의사 선생님이 탈수가 아주 심각하다고 말씀하셨어요.

코치: 탈수 증상이 어떻게 느껴지나요?

고객: 네, 피부가 건조하고 가려워지고, 입도 마르고, 피부 윤기도 없고 그러네요.

코치: 몸이 어떤 상태가 되었으면 좋으시겠어요?

고객: 입도 안 마르고 피부 윤기도 나고…. 에이~ 안 아프고 건강해지면 좋겠어요. 나이가 들면 다 아플 수밖에 없잖아요. 여기저기 다 고장 나고.

코치: 나이가 들면 모든 사람이 아프게 되는 것일까요?

고객: 아~ 그건…. 모두가 아픈 것은 아니겠죠? 사실 건강한 친구도 있긴 해요. 하하~

코치: 그렇죠? 그럼, ㅇㅇㅇ님도 건강할 수 있겠네요~

코치: 탈수가 심해진 원인이 무엇이라고 생각하시나요?

고객: 최근에 모임이 많았어요. 술을 자주 마셨더니 문제가 생긴 것 같아요.

코치: 탈수를 예방하기 위해 어떤 환경이 도움이 될까요?

고객: 술 대신 물을 다 자주 마시도록 해야겠어요.

코치: 그러기 위해 어떻게 하면 좋을까요?

고객: 술을 줄이고 물을 많이 마셔야겠어요. 소화가 안 될 때 자주 마시던 콜라도 줄이고요. 습관적으로 마시는 커피와 단 음료도 좀

줄여보고요.

코치: 습관을 유지하려면 어떤 준비가 더 준비해야 할까요?

고객: 우선 먹는 습관을 다시 점검하고 확인해 봐야겠어요. 나쁜 습관은 피하려고 노력할 거예요. 그리고 해로운 것은 가릴 줄 아는 눈을 가지고 싶어요. 〈이하 생략〉

이 대화를 통해 클라이언트는 자신의 생활 습관을 재검토하고 건강을 위한 새로운 목표를 설정할 수 있습니다. 결과의 원인이 무엇인지를 자각하게 하고 중독과 같은 자극적이라면 대안을 찾게 합니다. 이 과정에서 원인에 오래 머무르지 않고, 되고 싶은 미래와 원하는 상태를 충분히 표현하게 합니다. 이것이 도파민리모델링코칭의 핵심입니다.

코치: 건강을 잘 관리하면 가장 좋은 점은 무엇이라고 생각하세요?

고객: 나이가 들어도 건강하게 잘 살아야 가족이 행복하고 저도 좋잖아요~

코치: 건강과 행복에 대해 어떤 생각이 드시나요?

고객: 제가 먹는 음식이 나를 만든다고 생각해요. 예전엔 달고, 짜고, 자극적인 음식을 많이 먹었죠. 그때는 정말 기분이 좋았어요.

코치: 건강에 관한 생각이 최근에 어떻게 변화했나요?

고객: 예전엔 나이 들면 다 아프다고 생각했어요. 하지만 요즘엔 건강하고 멋진 시니어 모델들이 광고에서 많이 보이데요? 좋아 보였

어요. 저도 그렇게 되고 싶거든요.

코치: 사랑하는 사람들이 당신을 어떻게 기억하기를 바라시나요?

고객: 건강하고 깨끗하며 아름다운 사람으로요. 자기 관리를 잘하는 시니어로 기억되고 싶어요.

코치: 그렇군요! 이미 그렇게 훌륭하게 변화하고 계시잖아요? 당신은 분명 그런 분이실 겁니다. 〈이하 생략〉

코칭의 특성상, 기억해야 할 점은 코치의 전문분야라도 예단하거나 예측하는 말은 피하는 것이 중요합니다. 작은 행동 변화에서 오는 성취감은 고객의 정체성을 강화하고 존재가치를 귀하게 여기게 합니다. 바로 이러한 코칭이 도파민을 지나치게 자극하는 대신에 건강한 습관으로 전환하도록 돕는 '도파민리모델링코칭'입니다. 일상생활과 밀접하게 연결된 코칭 주제를 통해 신념과 가치, 정체성을 재정립하고, 이를 통해 적절한 변화를 끌어낼 수 있습니다. 코칭 주제는 대부분 하위레벨에서 나옵니다. 이는 대부분 일상생활과 연관이 있습니다. 그러나 깊숙한 내부에서 올라오는 근원을 해결을 위해서 상위레벨, 즉 신념과 가치, 정체성에서 변화를 찾아 나가야 합니다. 결론적으로 상위레벨을 해결하면 하위레벨인 환경과 행동의 상황(문제)은 대부분 해결됩니다.

상위레벨로 넛지(nudge) 하여 존재를 찾다

배우고 성장하려는 기질 덕분에 변화와 마주하는 순간이 저에게 자주 찾아옵니다. 새로운 도전을 시작할 때마다 가슴 뛰는 설렘의 시간도 갖습니다. 늦깎이 박사학위를 준비하며 겪은 수많은 롤러코스터 같은 순간들이 제 인생을 풍부하게 만들었습니다. 그때마다 스승님은 저에게 마법 같은 말씀으로 용기를 북돋아 주셨지요. 스승님의 격려는 로마 전사의 전차처럼 저를 이끌어 주는 거대한 힘이었습니다. 이 힘은 중력의 법칙처럼 저에게 필요한 에너지를 갖게 했습니다. 스승님의 말씀은 '기대의 법칙(law of expectation)'이 그대로 적용되어 나에 대한 기대치를 한껏 올리고 기대한 만큼 이루기 위해 노력하는 힘을 키우게 하였습니다.

윌리엄 제임스의 말처럼 "어떤 일의 결과에 대해 기대하는 만큼 이루어진다."라는 것을 실제로 경험하고 있습니다. "내 안에 가진 마음을 바꿈으로써 밖으로 드러나는 실제의 내 삶이 놀랄 만큼 달라진다."라는 윌리엄 제임스의 말은 스승님의 코칭을 통해 체험할 수 있었습니다. 이 시간은 결정적인 자유의지를 부여하고, 환경에 흔들림 없이 희망을 다잡게 했습니다. 코칭 공부하는 시간은 '나는 유일한 존재이며 특별한 존재'라는 사실을 깨닫게 하고, 숨겨진 재능을 발견하여 발휘하도록 했습니다.

제가 알고 있는 사회적 활동가 중 한 명은 평소 그 누구보다 열정적이고 활동적인 삶을 살았습니다. 많은 사람이 그를 따랐지만, 어느 순간부터 그의 소식을 듣지 못해 궁금증이 쌓이고 있었습니다. 오랜만에 정기모임에 참석한 그녀는 같이 커피 한잔하자며 다가왔습니다. 사업적으로 어려움을 겪으면서 생활이 어려워지고 의욕이 상실되었다고 털어놓았습니다. 그녀의 눈빛은 불안한 생활을 그대로 반영하고 있었고 절실하게 도움을 구하는 듯했습니다.

코로나 19로 만남이 크게 제한되어 있었던 터라 우리는 Zoom을 통해 코칭을 계속하게 되었습니다. 처음에는 온라인 코칭의 효과에 대한 걱정도 있었지만, 결과적으로는 놀라울 정도로 성공적이었습니다. 공간의 변화는 우리의 선입견을 바꾸어 놓았고, 공간의 자유로움과 안전함이 제약 없는 코칭 몰입을 가능하게 했습니다. 이 경험은 코칭 방식에 새로운 가능성을 열어주고 그 어떤 환경에도 인간의 연결성과 성장이 계속될 수 있다는 것을 보여주었습니다. 다음은 환경과 행동의 변화를 촉진하는 코칭 사례입니다.

고객은 자신의 미래 계획에 관해 이야기하며 눈빛이 밝아지고, 열정적으로 자신의 꿈과 희망을 나눕니다. 이야기하는 그녀의 모습에서 숨겨진 소망을 발견하게 되었습니다.

코치: 만약 자유롭게 하고 싶은 일을 하실 수 있다면, 어떤 일을 하고 싶으세요?

고객: 할 수만 있다면 집 안을 깔끔하게 정리하고 더 편리하게 꾸미고 싶어요.

코치: 그렇다면 지금 선생님께 가장 필요한 것은 무엇일까요?

고객: 지금은 정말로 하고 싶은 마음을 갖고 싶어요. 아직 마음이 생기질 않아요.

고객은 한참 동안을 이야기하고 나서야 하고 싶은 것이 너무 많다며 활짝 웃습니다. 오랫동안 자기 생각을 표현할 기회가 없었던 듯 계속 이야기합니다.

> **코치**: 주변을 한번 살펴보시겠어요? 어떤 느낌이 드시나요?

고객은 한참 동안 집안을 휘휘 둘러보더니 한숨을 내쉽니다. 그리고 어깨를 들썩하며 고개를 설레설레 흔듭니다.

> **고객**: 집안에 물건이 많네요, 눈에 걸리는 것도 많고요. 답답하고 너무 산만해요.
>
> **코치**: 이상적인 환경은 어떤 모습이었으면 좋으시겠어요?
>
> **고객**: 더 편안하고 평화로운 공간이었으면 좋겠어요. 잘 정돈되어 있고, 모든 물건이 각자의 자리를 가지고 있어서 마음도 편안할 수 있는 환경이요.
>
> **코치**: 어떤 변화를 시도하고 싶으신가요?
>
> **고객**: 하루를 시작하며 집 안을 간단하게 정리하는 습관을 들이고 싶어요. 그렇게 하면 마음도 집중할 수 있고 기분도 상쾌할 것 같아요.
>
> **코치**: 그렇게 되기 위해서 어떤 능력을 개발하고 싶으신가요?
>
> **고객**: 일과 생활의 균형을 잘 맞추고 싶어요. 필요하지 않은 것은 과감히 정리하는 결단력이 필요해요.

코치: 혹시 그러한 변화를 어렵게 만드는 요소는 무엇인가요?

고객: 외부 일만 중요시하는 마음이요. 사실 집 안 정리가 중요한데 하찮게 여기곤 했어요. 저는 조화롭고 아늑한 환경이었으면 해요.

코치: 그러한 변화의 과정에 어떤 생각을 갖고 계시나요?

고객: 제 주변이 정리되면 생활의 질이 향상될 것 같아요. 저에게 긍정적인 영향을 주지요. 나에게 정말 중요한 것이 무엇인지 이제 알 것 같아요.

코치: 이러한 꿈과 희망을 가진 당신은 어떤 사람이라고 생각하나요?

고객: 저는 스스로 잘 돌보고 절대 쓰러지지 않는 강인하고 건강한 사람입니다.

코치: 가장 중요하게 생각하는 정신이 있다면요?

고객: 저는 제 주변이 평화롭고 자유로운 것을 가장 중요하게 생각합니다…. 〈이하 생략〉

놀랍게도 고객은 집 안 정리를 하며 극적인 변화를 경험하게 됩니다. 저는 기대보다 더 효과적인 코칭을 진행할 수 있었습니다. 사업으로 의욕이 상실된 분이 본인을 둘러싼 환경을 인식하자 정리하는 행동을 하고 그 과정에서 버릴 것과 남길 것을 구분하는 결단하는 능력을 갖추게 됩니다. 삶의 걸림돌이 되었던 작은 습관, 즉 잘못된 신념이자 자신을 묶어두었던 감옥 같은 신념에서 벗어나 점차 마음이 편안해졌고 코칭이 진행될수록 자신의 가치에 대해 점차 이야기하더니 어느 순간 자신의 존재와 정체성에 대해 깊이 성찰하고 있었습니다.

> **코치**: 그동안의 코칭을 통해 어떤 깨달음을 얻으셨나요?
> **고객**: 이전에는 원하지 않는 환경에 나를 방치했다는 것을 알게 되었어요.
> **고객**: 주변을 정리하면서 저 자신을 소홀히 대했던 나에게 너무 미안했어요.
> **고객**: 정리해서 거의 버리고 깨끗해진 환경이 되니까 마음도 한결 가볍고 정돈이 되었어요.
> **고객**: 어제는 오랫동안 잊고 있던 예쁜 그릇을 꺼내어 사용했고, 깨끗한 주방 도구로 신선한 재료로 만든 저녁을 천천히 즐겼어요.
> **고객**: 저 자신을 소중히 대하는 것이 얼마나 중요한지도 알았고요. 제 존재가 무척 귀하게 느껴졌어요. 〈이하 생략〉

고객은 코칭 세션 동안 눈시울을 붉히며 때로는 울기도 하고 웃기도 했습니다. 이러한 감정의 변화는 자신의 역할과 책임에 대해 깊이 성찰하는 계기가 되었습니다. 작은 정리의 행동이 가져다준 큰 인식의 전환을 경험했습니다. 코치는 클라이언트의 과거 경험을 바꿀 수는 없지만 이처럼 그 경험을 어떻게 해석할지에 대한 신념을 변화시킬 수 있도록 도움을 줄 수 있습니다. 이러한 과정에서 코치는 클라이언트가 변화를 끌어내도록 지원하고 함께 성장해 나갑니다.

코치의 언어에는 힘과 미래가 있다

코칭을 공부하던 그 순간부터 칭찬과 용기의 언어들이 제 삶을 채우기 시작했습니다. '마음의 법칙'을 이해하고 적극적으로 받아들이려 노력 중입니다. 프랑스 심리학자 에밀 쿠에(Emile Coue)는 자기 암시의 힘을 강조했습니다. "나는 매일 매일 모든 면에서 점점 더 좋아지고 있다."라는 말을 되뇌면서 하루를 시작합니다. 평소, 저는 '말의 온도'에 대해 관심이 많았습니다. "정신과 몸과 마음은 하나다."라는 말이 있습니다. 몸이 건강하지 않은 분들에게는 마음을 따뜻하게 하는 '언어의 온도'가 중요합니다. 그 온도와 더불어 존재를 확인하게 하는 언어, 마음을 알게 하는 언어! 코치의 언어가 바로 그렇습니다. 코치의 말에는 힘이 있습니다. 코치로서 제 언어는 단순히 소통의 수단이 아니라 클라이언트의 삶을 변화시키는 힘을 지녔습니다. 코치의 언어는 한마디도 허투루 하는 말이 없습니다. 의미가 있어야 하고 클라이언트를 생각하는 정제된 언어로서 생각을 변화시키는 힘을 가지고 있습니다.

코치 언어의 방향에 대해서 생각해 봅니다. 코칭 수련 중에 현재 나의 미션에 대해 이야기할 기회가 있었습니다. 저는 정리성을 강조하고 직장의 업무환경을 개선하고자 하여 다음과 같이 발표했습니다. "ㅇㅇㅇ의 정리성을 닮고 싶습니다. 지금 환경이 오래되고 낡은 부분이 많고 비효율적입니다. 그러므로 정리되지 않은 환경을 가장 효율성 있는 환경으로 업그레이드시키고 싶습니다." 이 말에 스승님께서 즉시 피드백을 주셨습니다. "코치의 언어는 미래를 향한 것이어야 합니다. 선택하는 언어가 앞을 향하고 긍정적인 부분을 말해야 합니다. 아무리 과거, 현재의 모습이 마음에 충족하지 않다고 하더라도 순간적으로 과거에 사용하던 부정적이거나 탓하는 '습(習)'이 나오는 것을 경계해야 합니다."

우리는 경험과 학습을 통해 지혜롭게 성장하지만 때로는 그 지식이 자신의 마음을 진정으로 이해하는 것을 방해하기도 합니다. 많은 사람이 과거의 경험에 몸도 마음도 머물러 있습니다. 자신도 모르게 과거를 되새김질하며 현재와 미래에도 과거와 같은 언어를 사용하고 있습니다. 나는 미래로 나아가는 사람이야! 라고 말합니다. 그러나 언어습관은 과거와 똑같은 미래를 그려내게 만듭니다. 과거를 현재에 각인시키고 미래에까지 같은 방식으로 말로서 밑그림을 그려갑니다. 그러면 미래를 꿈꾸기가 어렵습니다. 우리가 사용하는 언어가 얼마나 강력한지, 그리고 그 언어를 어떻게 사용하는지에 따라 우리의 미래도 달라질 수 있다는 것을 알 수 있습니다. 매 순간 의식적으로 그 힘을 활용하고자 합니다. 이는 클라이언트뿐만 아니라 저 자신에게도 적용되는 원칙입니다.

코치는 클라이언트가 바른 방향으로 한 걸음 나아갈 수 있도록 돕는 사람입니다. 이 과정에서 변화하고 싶은 숭고함에 무의식적으로 긍정을 가장한 부정적 대화를 하지 않았는지 자문해 봅니다. 누군가와 대화할 때 순간 불편함을 느낀다면 그 원인을 관찰하는 것이 중요합니다. 저는 대화 중에 무언가 개운하지 않게 느껴지는 부분들을 관찰해보았습니다. 우리는 무의식적으로 전과 후를 비교하는 말을 자주 합니다. 그래야 성과가 확연히 드러나기 때문입니다. 이를 극복하기 위해 『질문의 방향』을 집중하여 학습하였고, 가벼운 대화에서도 '코치 언어의 방향'을 의식적으로 기억하려 합니다.

결론적으로 코치의 언어는 Away형보다 Toward형이어야 합니다. 언어를 바꾸어야 생각이 달라집니다. 나는 Toward와 Away 중 에너지를 어디로 보내고 있는지 깊이 생각해봅니다. 과거로 원인을 돌리는 편안함과 현재 상황의 불편함을 저울질하며 나는 어떤 선택을 해야 할까요? 아무래도 나의 가치를 추구하며 나아가는 미래에 에너지를 더 보내야겠습니다. 그 사실을 깨닫는 순간의 경이로움과 행복감을 어떻게 다 표현할 수 있을지….

온전한 코치에게는 다양한 멘토가 필요하다

코치로 성장하는 과정에서 저를 도와주신 멘토가 항상 계셨던 것은 큰 행운이었습니다. 단계마다 지지하고 격려해 준 멘토 덕분에 저는 코치가 될 수 있었습니다. 멘토의 영향력은 단순히 기술적인 지도를 넘어서 코치로서 깊은 정신적, 역량적 성장을 가능하게 했습니다. 코치의 아름답고 건강한 정신과 역량은 어느 한 분의 손길로만 가능한 것이 아님을 깊이 느낍니다. "한 아이가 자라기 위해서는 한 마을이 온통 필요하다"라는 말이 있는 것처럼 한 사람의 코치가 성장하기 위해서는 다양한 멘토가 필요합니다. 또한 "세 사람이 길을 함께 가면 반드시 내 스승이 있다."라는 말처럼 스승을 찾고 따르고자 하는 마음도 중요합니다. 스승을 찾는 것은 코치가 삶의 여정에서 배우고 성장할 준비가 되어 있음을 의미합니다.

코칭을 배우기 위해 자주 연락을 드려도 항상 열린 마음으로 지도해 주신 멘토 코치님은 나이 든 학생을 차근차근 직접 지도해 주셨습니다. 제가 서두르고 불안해할 때마다 안정시키고 코칭에 대해 진지하게 같이 고민해 주셨습니다. 멘토 코치는 코칭 철학을 말씀하시며 코치가 가져야 할 자세를 수업 중에 자주 말씀하셨습니다. 올바른 코칭에 대해 논하시며 존재와 가치의 중요성에 대해 잊지 않도록 강조하셨습니다. 또한, 클라이언트 코칭을 위한 기초 스킬을 탄탄하게 쌓아 두어야 고객이 필요로 할 때 진정으로 도움을 주는 코치가 될 수 있음을 강조하였습니다. 수업 시간에도 생소한 부분에 막히는 부분은 충분한 성찰의 기회를 주며 코치의 정체성을 스스로 생각하도록 기회를 주셨습니다. 저는 코칭을 시작한 초기에 말을 배우는 아이처럼 서툰 질문을 건네곤 하였습니다. 그럼에도 멘토 코치는 마치 걸음마를 배우는 아이를 격려하고 응원해주셨습니다. 고비마다 담대하게 다가서도록 인정해 주시던 모습이 아직도 눈에 선합니다. 코칭을 배우는 과정에서, 저는 NLP 코칭에 특별한 열정을 가지고 이를 체계적으로 탐구해왔습니다. 스승님으로부터 코칭의 깊이 있는 이론부터 실제 적용에 이르기까지 폭 넓게 학습하였으며 COACH 상태를 유지하기 위해 내면의 수련에 집중했습니다. 삶의 균형을 유지하는 것은 도전적일 수 있지만, 어려움 속에서도 균형을 이루기 위해서는 코치의 자질을 근육과 같이 강화시켜야 한다는 교훈을 받았습니다. 코치는 마치 뿌리 깊은 나무처럼 흔들림 없이 굳건해야 하며, 대지에 박힌 바위처럼 견고하고, 공기처럼 어디에서나 생명력을 불어넣는 자유로운 존재로서의 역할을 수행해야 합니다. 이 흔들리지 않는 중심은 모든 코치에게 필수적인 수련으로, 그 자체가 코칭의 본질일 것입니다.

나의 비전과 황금률

코치의 눈빛에서 시작하는 살아있는 변화의 여정

코치의 중요한 역할 중 하나는 클라이언트가 자신의 신념 체계를 이해할 수 있도록 하는 것입니다. "그 사람의 말과 행동이 그의 신념에서 비롯된다."라는 말이 있습니다. 한 개인의 존재는 그 사람 신념의 총합입니다. 코치는 클라이언트가 자신의 신념이 어떻게 자기 삶에 어떤 영향을 미치는지를 깨닫게 하며, "어떤 신념을 유지하고 어떤 것을 버릴지를 선택하는 과정을 지원해야 합니다. 필요한 신념은 강화하고, 도움이 되지 않는 신념은 과감히 버릴 수 있도록 해야 합니다. 이 과정을 통해 클라이언트는 자신의 신념 체계를 혁신적으로 변화시킬 수 있습니다. 클라이언트가 자신의 틀 안에 갇혀 요지부동할 때 코치는 그들이 상자 밖으로 나와 새로운 관점을 탐색하도록 격려합니다.

스승님의 말씀이 떠오릅니다. "내 안의 가득한 충만감을 만나기 위해, 반짝반짝 빛나는 별이 되기 위해 힘써 나아가세요. 배움을 향해 나아가는 사람의 눈빛은 진심 어린 눈빛입니다." 바로 코치의 눈빛은 이렇게 살아있어야 하겠습니다. 코치의 '잘남'을 표현하기 위한 배움이 아니라 내적 충만함이 가득해야 최고의 나를 표현하고 클라이언트와 나눌 수 있습니다.

켄 윌버(ken Wilber)는 최고의 나를 구현하기 위해 나의 의식을 높이기에 힘써야 한다고 했습니다. 코치는 나의 의식을 높이는 양질의 교육에 꾸준히 참여하여 스스로 의식을 관리하여야 합니다. 다른 사람의 삶에 관심을 가지고 삶을 탐색하는 코치가 되기 위해선 의식이 깨어있어야 합니다. 코치의 의식 상태가 꿈꾸는 상태이거나 잠들어 있는 상태라면 어떻겠습니까? 나의 의식의 수준이 어디에 있는지 일상에서 자주 레이더를 켜 확인해 볼 일입니다.

내가 가고자 하는 삶의 방향이 중요합니다. 따라서 하루를 긍정으로 시작해야겠습니다. 그 누구를 만나더라도 존엄과 존경과 명예를 가지고 만나야 합니다. 코치는 스스로에게도 그중 가장 좋은 환경을 만들어 주고, 자신의 권위, 자존감을 어루만지며 지내야 합니다. 그리하여 내 안의 작은 거인을 만나야 합니다. 코치는 스스로 기대하는 것이 무엇인지 늘 생각해야 합니다. 이로써 나의 현재가 달라지고 과거가 달라지며 미래까지 좋은 영향을 줄 것입니다.

나만의 코칭 황금률(golden rule)을 만들다

대상(client)에 관심을 두면 자연스레 대상에 이끌리게 됩니다. 대상을 그저 바라보면 무관심해집니다. 코치는 클라이언트 손을 붙잡고 한 걸음 한 걸음 천천히 정상을 향해 나아갑니다. 실수하는 것에 두려워하지 않아야 합니다. 실수를 두려워하면 나아가는 삶을 살 수도 없거니와 삶의 진정한 가치를 놓칠 수 있습니다. 돌이켜보면 내 마음속에서는 두려움과 근거 없는 용기가 팽팽한 줄다리기를 했습니다. '반지의 제왕'에 나오는 골룸이 자신의 양면성과 싸우는 장면은 내적 갈등을 겪을 때마다 떠오르는 나의 모습입니다. 두려움이 클수록 용기를 내야 합니다. 안전지대에서 벗어나 완벽하지 않더라도 행동으로 옮기고 실수를 통해 배우며 나아가는 것이 훨씬 용기 있는 모습이라고 믿습니다.

그렇게 한 걸음씩 내딛으며 미완성의 두려움에 관심을 두지 않으려 합니다. 두려움은 독과 같고 관심은 두려움을 자라게 합니다. 그러므로 두려움에 등을 돌리고 내일을 향해 깊은 호흡을 하며 전진하고자 합니다. 미래는 꿈꾸는 자들의 것입니다. 코칭 공부 여정은 나의 정체성을 깊이 탐색하는 과정이었습니다. 의미 없는 것을 떼어버리고 최적의 상태로 나아가기 위해 노력했습니다. 이 깊은 성찰의 시간은 나에게도, 만나게 될 분들에게도 조심스럽게 도움을 드릴 수도 있을 것 같습니다. 참 아름다운 여정입니다.

저는 코칭을 공부하면서 나만의 '황금률 빅(big)3'를 만들었습니다.

   * 감각을 일깨우는 5감 코칭
   * 시니어의 평생학습을 위한 차오름터 코칭

*균형 잡힌 삶을 위한 도파민리모델링 코칭

이 세 가지 황금률은 제 코칭 여정의 핵심입니다. 클라이언트의 경험과 지혜가 빛나는 새로운 장을 열어갈 수 있도록 도울 것입니다. 충만하고 조화로운 삶을 영위할 수 있도록 아름다운 가치를 심어주는 시간을 갖고 싶습니다.

매일을 열정과 성장의 여정으로 살아가는 COACH로서, 이 항해에 마음을 다하고자 합니다. 아기의 맑은 얼굴을 정성스레 닦듯 하루하루를 희망으로 시작합니다. 삶의 모든 순간을 기쁨으로 가득 채우고자 합니다. 꿈을 심고 지혜를 키우는 꽃피움코치, 타인의 심연을 읽어내는 통찰의 코치, 깊은 공감과 배려를 실천하는 영성 코치가 되기를 희망합니다. 이를 위해 마음을 더 들여다보며 단단하고 깊은 내적 기반과 나눔을 위한 유연함을 길러야겠습니다.

오늘도 눈을 뜨며 자연스레 돌아오는 의식을 따뜻한 미소로 맞이합니다. 몸을 감싸 안는 이 평안함이 하루를 풍요롭게 채워주길 기대합니다. 이미 온전한 존재들이 새로운 하루에 아름다운 씨앗을 뿌리고 힘찬 첫걸음을 내딛길 소망합니다.
이 아름다운 여정에 산들바람이 불어오면 참 좋겠습니다.

공익코칭 대화 모델
'로열(R.O.Y.A.L)'

최은주 코치

최은주 코치는 주식회사 로열코칭 대표, 한국공익코칭협회 회장, 국제코칭연맹(ICF) 코리아챕터 부회장, 한국코칭학회 이사, 한국코치협회 수퍼바이저코치(KSC) 및 인증심사위원, 국제코치연맹 ICF(International Coaching Federation) 전문코치(PCC) 및 인증심사위원으로 활동 중이다.
E _ uniceunice@hanmail.net

로열(路悅) '나는 여기까지야'라고 자신을 한계 짓는 사회적 동반자들에게, 그렇지 않고 얼마든지 앞으로 더 나아갈 수 있다는 것을 알아차릴 수 있도록 돕는 공익코칭이야 말로 함께 살아내야 할 이 시대 꼭 필요한 과정이라고 확신한다.

코칭(Coaching)은 현대 사회에서 널리 사용되는 강력한 문제해결 도구이다. 우리나라에도 2003년도에 코칭이 처음 소개된 이래 현재 각 분야에 코칭이 활발하게 활용되고 있으며, 그 요구와 필요성이 폭발적으로 늘어나고 있다. 한국에 공식적인 코치 수는 2023년 말 14,000명을 넘어섰고 최근에는 한해에 천여 명씩 늘어나고 있는 실정이다. 코치를 양성하고, 코치 자격증 심사를 하고 있는 입장에서 매우 고무적인 일이라 할 것이다.

사실 10여 년 전까지만 해도, 직업이 코치라고 말하면, 스포츠 운동을 하는 사람인가 하는 눈길로 나를 쳐다보기 일쑤였다. 요즘에는 코칭이 뭔지는 정확히 모르지만 한 번쯤 들어 봤다는 말을 하는 분들이 많고, 가끔은 코칭 받은 경험이 있는 분들을 만나기도 한다. 이제는 웬만한 대기업에는 코칭이 거의 많이 들어가 있고 다양한 분야에서 코칭이 접목되어 진행되기 때문이리라. 하지만, 그럼에도 불구하고 공익코칭에 대해서는 아직도 잘 모르시는 분들이 많다. 이 시간을 통해 공익코칭에 대한 관심이 더욱 늘어나고 이해가 더 깊어지길 바라며 이 장을 열어 본다.

1. 코칭 및 공익코칭 정의

코칭이란 무엇일까?

현대 사회에서는 모두가 참 바쁘다. 모두 열심히 쉬지 않고 달려가긴 하지만, 아이러니컬 하게도 목적지를 모르거나, 효과적인 좋은 방법이 있는데도 다른 곳에서 헤매고 시간과 에너지를 낭비하며 무의미한 반복을 계속하는 경우를 심심찮게 보게 된다. 앞길이 꽉 막히고 어찌해야 할 바를 모를 이 때, 혹은 현재 잘하고 있지만 더 잘하고 싶을 때, '코칭'을 받으면 아주 효과적이다. 또한, 나의 목표를 모를 때도 '코칭'을 받으면 그것을 잘 발견할 수 있도록 도와주지만, 목표가 너무 커서 혼자서는 그 벽을 뛰어넘기 어려울 때도 '코칭'을 통해 크게 도움을 받을 수 있다.

코칭은 눈에 보이지 않기에 한마디로 설명하고 정의하기가 쉽지 않지만, 이렇게 설명할 수 있다.
'코칭은 고객이 지닌 가능성과 잠재력을 함께 발견하고 자원을 활용하여, 다양한 영역에서 실현할 수 있도록 돕는 과정이다.' (로열코칭의 정의)
코칭 하는 분들을 '코치'라고 부르는데, 코치는 고객의 현재 상황도 직시하지만, 고객이 가지고 있는 보이지 않는 가능성과 잠재력을 직시할 줄 아는 사람이다. 코치는 고객이 모르고 있을 수도 있는 고객 안의 가능성과 잠재력을 발견할 수 있도록 도울 뿐 아니라 그것을 자원 삼아서 고객이 원하는 영역에서 그것을 실현할 수 있도록 돕는다.

'달걀이 스스로 깨고 나오면 병아리가 되지만 남이 깨주면 달걀 후라이가 된다'는 말은 코칭을 설명하는 가장 좋은 말이라 생각되어, 강의 시 코칭에 대해 설명할 때 왕왕 사용하는 비유이다. 코칭은 답을 알려주는 것이 아니라 스스로 알아차려 자기가 껍질을 깨고 나올 수 있도록 돕는 과정인 것이다.

사과 맛을 전혀 모르는 이에게 사과 맛이 어떤가를 설명하기는 어렵다. 기껏해야 과육이 아삭하고, 맛은 달콤하거나 새콤하다는 정도가 아닐까 싶다. 그러나 그것으로 사과의 맛을 정확하게 알게 하기는 힘들 것이다. 가장 좋은 방법은 사과를 한 입 먹어 보는 것이다. 마찬가지로, 코칭을 제대로 아는 데에는 코칭을 한번 경험해보는 것만한 방법이 없다.

공익코칭이란 무엇일까?

비즈니스코칭, 라이프코칭, 커리어코칭, 공익코칭, 학습코칭 등 코칭은 다양한 분야에서 활발하게 진행되고 있다. 그중에서 공익코칭은 자신뿐 아니라 자신을 둘러싼 환경과 조건으로 인해 어려움을 겪고 있는 분들의 회복과 성장을 지원하는 전문코칭 분야이다. 학교 밖 청소년들, 가정 밖 청소년들, 자립 청소년들, 은둔 청소년들, 수용자 자녀들, 다문화가정, 한부모가정 등 우리 주변의 사각지대에서는 상상할 수도 없는 많은 사람이 방황하고 있다. 이들은 다 공익코칭 대상자로, 특별히 '사회적 동반자'라고 칭한다. 이전에는 취약계층이나 사회적 약자라고 명명했지만, 용어부터 달라질 필요가 있다. 또한 사회적 동반자를 바라보는 관점도 달라져야 한다. 사회적 동반자란 문제가 있는 사람들이 아니라, 배운 것이 부족하고 가진 것이 부족한 사람들이 아니라, '사회적 환경이나 조건으로 인해 가능성을 발휘할 기회가 충분하지 않지만 자율적인 협력을 통해 동반성장을 할 수 있는 사람들'을 의미한다.

공익코칭은 참여자가 자신의 존재가치를 발견하고 잠재적인 능력을 활용하여 스스로 삶을 이끌어 나갈 수 있도록 돕는 과정이라는 의미에서는 일반코칭과 같은 맥락이지만, 참여자가 일반인이 아니라 사회적 동반자라는 점이 다르다. 또한 전문 공익코칭을 매개로 우리 사회의 긍정적인 변화에 기여하고자 하는 코치들이 연합하여 다 좋은 세상을 만들어가는 공동체를 만들었는데, 그것이 바로 올해 2023년 3월에 창립된 '한국공익코칭협회(K-PICA, Korea Public Interest Coaching Association)'이다.

공익코칭은 사회문제를 해결하고 사회에 긍정적인 변화를 주도하고 있다는 점에서 사회적 역할을 톡톡히 하고 있다. 여기저기서 개인과 사회와 국가에 긍정적인 공익코칭의 효과가 많이 나타나고 있는 것은 매우 반가운 일이다.

2. 공익코칭 대화모델

코칭대화모델이란 무엇인가?

　코칭은 개인 또는 조직이 목표를 달성하고 성장할 수 있도록 도움을 주는 프로세스이다. 코치는 고객으로 하여금 코칭을 통해 다른 관점으로 문제들을 바라볼 수 있도록 돕는 사람이다. 코칭은 개인이든 조직이든 그들의 역량과 가능성을 최대한 발휘할 수 있도록 돕는 것이고, 그러한 가능성과 잠재력을 스스로 발견할 수 있도록 하는 과정에서 여러 가지 스킬과 대화 모델을 사용한다.

운전을 하면서 낯선 길을 찾아갈 때 가장 큰 도움을 줄 수 있는 도구는 네비게이션이다. 처음 찾아가는 곳도, 네비게이션의 친절하고 자상한 안내만 있다면 별 어려움 없이 찾아갈 수 있다. 혹시 이동 중에 실수하여 다른 길로 접어들었다 해도 실수로 잘못 들어선 그 지점부터 목적지까지 다시 연결해서 안내를 해주는 네비게이션은 초행길을 운전하게 될 때 너무도 유용하게 활용할 수 있는 도구이다.

코칭을 진행할 때도 코칭 순서와 방법에 대한 지침이 있다면, 초보자도 코칭을 잘 할 수 있을 것이다. 그래서 만들어진 것이 코칭대화모델이다. 코칭대화모델은 코칭을 진행할 때 일정한 구조화된 대화로 진행할 수 있도록 만든 일종의 틀이다. 코칭대화모델을 이용하면 코칭 대화를 효과적으로 진행할 수 있다. 그러나 이런 구조화된 틀은 반드시 따라야만 하는 것은 아니며, 코칭을 오랫동안 해온 코치라면 상황에 맞게 반구조화 혹은 비구조화된 틀로 코칭을 진행 할 수 있다.

일반적으로 쓰이는 코칭대화모델은 그로우(GROW)대화모델이지만, 이 시간에는 공익코칭을 하는데 최적화 되도록 개발된 로열(ROYAL)공익코칭 대화모델을 중심으로 살펴보려고 한다.

공익코칭 대화모델 '로열(ROYAL)'은 어떤 것인가?

공익코칭을 진행할 때 활용할 수 있는 공익코칭 대화모델은 R.O.Y.A.L 의 다섯 단계이다. 한 단계씩 살펴보기로 하겠다.

(1) R (Relationship) 단계: 관계형성 단계
- 고객과 코치가 관계를 잘 형성하기 위한 단계이며 고객과 코치가 처음 만나서 서로에 대한 신뢰를 확인하는 단계이다.
- 이 단계에서 고객과의 라포가 잘 형성되면 친밀감이 형성되어 이후의 코칭 세션은 탄력을 받고 잘 진행될 수 있는 가능성이 높아진다.
- 이 단계의 대화는 너무 무겁지 않게 시작한다. 즉, 날씨 얘기나 휴가 또는 기억에 남는 일, 감사한 일 등 가벼운 얘기로 운을 떼는 것이 좋다.
- 비밀보장에 대해 언급한다.

(2) O (Objectives) 단계: 주제/목표 합의 단계

- 코칭 대화가 일반적인 수다와 다른 점은 대화에 목적이 있다는 것이다. 그래서 코칭을 할 때 이 단계는 매우 중요하다.
- 이 시간에 고객과 다루고 싶은 주제와 목표가 확실하고 구체적으로 합의되어야 한다.
- 고객이 다루고 싶은 주제와 목표가 한 가지 이상일 경우 그 가운데 한 가지를 먼저 선택하여 우선적으로 다룰 수 있도록 질문한다.
- 이 단계가 분명하게 합의되고 진행되어야 나중에 결과도 분명하게 얻을 수 있다. 가끔 결과가 흐지부지되는 경우를 자세히 살펴보면 이 단계 합의를 잘하지 못한 경우가 많다.

(3) Y (Yourself) 단계: 고객 탐색 단계

- 코칭이 고객 중심으로 진행되기 위해, 그리고 고객이 스스로 행동 방안을 찾을 수 있도록 돕기 위해 고객에 대한 탐구는 필수적이다.
- 목표 달성에 필요한 고객 자신의 다양한 자원과 특성들을 스스로 찾아내고 인지할 수 있도록 탐색한다.
- 고객 내부의 자원뿐 아니라 처해 있는 환경조건 등 외부 요인도 함께 탐색한다.
- 가능한 한 많은 아이디어와 대안이 나오도록 다양한 관점으로 고객과 주변을 살핀다.

(4) A (Action Plan) 단계: 실행 계획 단계

- 고객이 다양하게 찾은 많은 대안 가운데 우선적으로 실행하기로 결정한 한 가지 실행 계획에 초점 맞추어 진행한다.
- 구체적인 실행 계획을 세울 수 있도록 질문함으로써 실행력을 높일 수 있도록 지원한다.
- 일상으로 돌아가서 실제로 그것을 잘 실행할 수 있도록 코치가 아낌없는 응원과 지지를 하는 단계이다.
- 혹시 이 실행 계획대로 실행을 하는 데 있어서 장애가 되거나 예상되는 어려움은 없는지 고민하고, 혹시 있다면 그것을 극복할 수 있는 방안까지도 함께 생각해 보고 대책을 세울 수 있다.

(5) L (Learning & Awareness) 단계: 배움 & 성찰 단계

- 코칭 전체를 통틀어 가장 중요한 단계이다.
- 이 코칭을 통해 얻은 것이 무엇인지, 이 코칭 세션에서 배운 것이 무엇인지 돌아보고 점검해 본다.
- 지금까지 다룬 것을 요약하고 정리를 한다.
- 이제까지 코칭 시간을 통해 배운 것, 느낀 것, 성찰된 것 및 새롭게 깨닫게 된 것이 있다면 이야기한다.

지금까지 공익코칭을 진행하는 데에 네비게이션 같은 역할을 할 수 있는 로열(R.O.Y.A.L) 공익코칭 대화 모델을 간략히 살펴보았다. 각자의 주어진 다른 환경에서도 각 단계마다 단계를 성실히 감당하기 위한 질문들을 하면서 제시된 공익코칭 대화모델을 따라 가다보면, 아마도 어느덧 골치 아픈 문제가 해결되어 있고 의외의 멋진 결과가 도출되는 신기한 경험을 할 수 있을 것이다.

로열 공익코칭 대화모델은 공익코칭 현장에서 사회적 동반자들에게 코칭을 성공적으로 진행하기 원하는 공익코치들을 위해 개발된 것이지만, 어떤 대상과 어떤 상황 및 환경에서도 얼마든지 이 대화의 흐름대로 대화를 활용할 수 있다. 코칭적 대화를 통해 이제까지 맛보지 못한 새로운 관점으로 문제와 자신을 바라볼 수 있는 충분한 여지를 주는 대화모델이 될 것이다. 이 대화모델에 대한 연구와 학습은 공익코칭 베이직과 플러스 과정을 통해 일 년에 수차례 진행되고 있다.

3. 공익코칭 적용

이제까지 공익코칭 대화모델에 대해 살펴보았다면, 이제부터는 이 대화모델을 통해 공익코칭에 적용한 사례를 나누어 보려고 한다.

사례1

유난히 외모와 체격이 남달라 눈에 잘 띄는 한 그룹홈의 A고객은 얼굴에는 어린 나이에 무슨 걱정이 그리도 많은지 웃음기가 없고 표정도 없었다. 처음부터 눈을 절대로 마주치지 않았고 질문에 대한 대답, 아니 목소리도 듣기 어려웠다. 앞머리는 눈을 가리고 있어서 얼굴을 쳐다보려면 머리 사이의 틈새를 통해 얼굴을 바라보아야 했다. 굉장히 매사에 부정적이고 의심이 많은 고객인지라 고민이 많이 되었다.

첫 만남부터 어떻게 하면 관계를 잘 형성할 수 있을까 고민했고 좋은 관계형성을 위해 조용히 한 발짝씩 다가가기 시작했다. 세 번째 회기였다고 기억되는데, 수차례의 코칭적 대화를 통해 관계형성이 잘되었다고 느끼는 순간, 고객에게서 반응이 오기 시작했다. 자신에 대한 탐색(고객 탐색 단계)을 통해 자신을 어떻게 관리해야 할지를 고민하기 시작하면서부터 몸과 마음에 변화가 생긴 것이 보였다. 우선 눈을 가리던 머리를 짧게 자르고 나타났고 자발적으로 코치에게 멋진 그림이 그려져 있는 감사와 칭찬 카드를 손수 만들어 '앞으로의 코칭이 기대된다'는 멘트와 함께 보내주었다.

건강관리를 위한 다이어트나 결정한 진로와 관련된 코칭 공부를 한 회기 실행하는 데에 그치는 것이 아니라 꾸준히 지속적으로 실행하는 모습을 통해, 고객이 반드시 원하는 꿈을 잘 이루어 낼 것이라는 확신이 들었다. 얼굴도 밝아지고 대답도 잘하고 무엇보다 희망과 꿈을 꾸는 미래에 대한 긍정적인 기대를 하게 되었고, 코칭 시간에 장난기 어린 웃음을 띠고 같이 웃으면서 진행할 정도로 변해 갔다. 그리고 코칭이 끝나고 몇 달 만에 원하는 학교에 진학하는데 성공했다면서 감사의 인사를 전해왔다. 큰 보람을 느끼는 순간이었다.

사례2

처음 만난 B고객의 모습에서 받은 인상은 수줍어하고 조심스럽고 신중하다는 것이었다. 현실적으로는 지능과 학습 능력이 좀 떨어지고 대인관계에 어려움이 있어 보였고 결정적으로 코치를 포함해 사람을 잘 믿지 않는다는 것, 더더군다나 자기 자신도 믿지 않는다는 것이 처음 고객을 만나서 알게 된 점이었다.

고객의 신뢰를 얻고 마음을 열게 하는 것이 쉽지 않은 시간이었지만 ROYAL의 첫 단계인 관계형성을 위해 진정한 마음으로 충분한 시간을 보낸 결과, 코치와 고민거리를 진술하게 나누는 '믿고 신뢰하는 관계'로 변하는 놀라운 변화가 있었다.

매회기 다룰 주제와 목표를 명확히 하고 코칭을 하였기에 늘 무엇인가 구체적인 실행계획과 결과는 있었다. 그런데 특히 이 고객은 고객 탐색 단계에서 자신을 충분히 탐색할 수 있도록 다양한 관점으로 질문을 한 것이 주효했다.

사실 B고객은 어린 시절을 회상하며, 어릴 때부터 살고 싶지 않은 날이 많았다고 고백해 마음이 아팠다. 그런데 자신을 이리 저리 돌아보면서 코칭을 하고 있는 지금은 살기를 잘 했다는 말을 해주어서 얼마나 기뻤는지 모른다. 아니 오히려 100세까지 오래오래 살겠다고 인생 시간선을 그려 넣기도 하여 코치를 뭉클하게 감동시키기도 하였다.

고객 자신이 정말 외로웠는데 내가 혼자가 아니고 세상엔 좋은 사람들도 많다고 느끼게 되었다고 고백하였고, 자신과 미래에 대해 생각해 봄으로

써 견딜 수 있는 힘이 생긴 것 같아 좋다는 말을 할 때는 고객 이상으로 떨 듯이 기쁘고 큰 보람이 있었다. 성실함과 책임감으로 아주 느리더라도 '사회복지사'라는 자신의 꿈을 향해 조금씩 발전해 나가는 가운데 스스로에 대해 '괜찮은 사람'이라고 인정하게 된 것이 큰 변화이고 성과였다.

코칭은 목표 달성 및 개인과 조직의 발전을 위한 21세기 가장 강력한 방법 중의 하나이다. 코칭은 더 나은 성과와 발전 및 성장을 위해, 현재 잘 하지만 더 잘하기 위해, 자신을 발견하기 위해, 관계를 회복하기 위해, 자신의 길을 찾기 위해 등 다양한 목적을 가지고 여러 분야에서 활용되고 있다. 특히, '나는 여기까지야'라고 자신을 한계 짓는 사회적 동반자들에게, 그렇지 않고 얼마든지 앞으로 더 나아갈 수 있다는 것을 알아차릴 수 있도록 돕는 공익코칭이야 말로 함께 살아내야 할 이 시대 꼭 필요한 과정이라고 확신한다. 다양한 관점으로 자신과 세상을 바라보게 하여 의식이 확장되도록 돕는 공익코칭은 그래서 의미가 있다.

인생을 살면서 어떤 순간을 만났을 때 쓴맛이 난다고 뱉어 버리지 말아야 한다. 쓴 맛이 나도 계속 씹으면 단맛이 나기 때문이다. 인생은 나답게 살 때 가장 빛날 수 있고, 단지 그 빛나는 내 인생의 최고의 날이 아직 오지 않았을 뿐이라는 것을 알아차릴 수 있도록 도와주는 공익코칭이야 말로 공동체나 사회적 동반자들에게 가장 필요한 인생 필수품이 아닐까? 이렇게 의미 있고 가치 있는 공익코칭이 널리널리 알려기를 진심으로 바란다.

Epilogue

"당신의 여정은 이제 막 시작되었습니다"

사랑하는 독자 여러분, 이 책의 마지막 장을 덮으면서, 당신과 코치와의 산책길의 소중한 여정을 조심스럽게 마무리하며 새로운 시작의 문턱에 섭니다. '코치와 산책하기'는 우리 모두에게 코칭이라는 여정 속에서 발견한 진실과 지혜를 나누는 계기가 되었습니다. 이 이야기들이 당신의 삶에 새로운 통찰과 용기를 불어넣어 주기를 간절히 바랍니다.

코칭이라는 행위는 단순한 기술이나 방법을 넘어서, 인간의 성장과 변화를 이끌어 내는 강력한 수단임을 우리는 다시 한번 깨달았습니다. 그러기 위하여서는 코치 스스로의 인격도 잘 다듬어져야 한다는 깨달음도 있었습니다. 각 장에서 우리는 자신의 경험과 삶의 교훈을 솔직하게 풀어내면서, 서로 다른 배경과 색깔을 가진 코치들이 어떻게 협력하며 서로를 지지하는지를 보여주었습니다. 이 과정에서 발견된 에너지는 우리 모두에게 새로운 시각을 제공했습니다.

당신의 삶에서도 이 책이 진정한 변화를 일으키는 데 중요한 역할을 할 수 있기를 기대합니다. 당신에게 중대한 질문들을 던지며, 새로운 사고와 행동으로 이끌기를 희망합니다.

> "진정한 성장을 위해 당신이 시작해야 할 변화는 무엇인가?",
> "당신의 삶의 목적과 가치는 무엇인가?",
> "당신의 마음의 평화와 안정을 위해 필요한 것은 무엇인가?"

이러한 질문들이 당신을 깊은 성찰로 이끌었기를 바랍니다.
당신의 이야기는 계속됩니다. 당신이 코칭을 통해 자신만의 목소리를 찾고, 자신의 가능성을 최대한 발휘하며, 그 과정에서 다른 이들과 긍정적인 관계를 형성할 수 있기를 바랍니다. 우리는 당신이 이 책에서 얻은 영감을 바탕으로 매일 더 의미 있고 풍부하게 만들어가실 것이라 믿습니다.

저자들과의 직접적인 상담이나 코칭을 원하신다면, 저자 소개 페이지에 있는 이메일로 연락 주십시오. 함께 인생의 코칭 산책을 걸으며 귀하의 여정을 더욱 풍요롭고 의미 있는 경험으로 만들 수 있습니다.

새로운 산책을 시작하는 이 순간, 당신에게 따뜻한 격려와 지지를 보냅니다. 앞으로 당신이 이루게 될 모든 성과와 성장을 축하하며, 그 여정이 당신에게 큰 기쁨과 만족을 가져다주기를 바랍니다. 우리의 산책은 여기서 마무리되지만, 당신의 여정은 이제 막 시작되었습니다.

진심으로 감사드리며, 당신의 희망찬 미래를 응원합니다. 새로운 시작을 축하하며, 당신이 어디에 있든, 우리의 이야기가 당신의 삶에 긍정적인 영향을 미치기를 기원합니다. 당신의 삶이 이 책을 통해 더욱 풍요롭고 의미 있는 경험이 되기를 소망합니다.

저자 일동

편집 후기

"마음건축을 위해 도약합니다"

　상상출판사는 그동안 2백여권 건축관련 서적을 출판해 왔습니다. 이제 사람의 마음건축을 위해 다시 새로운 여정을 시작하려고 합니다. 심리상담과 코칭에서 "상상하기, 상상력, 상상"은 개인과 조직의 온전한 변화와 성장을 위한 가장 유용한 도구로 알려져 있습니다.

출발부터 이미 상상출판사는 상담과 코칭 서적 발간을 꿈꾸고 있었으리라 믿어집니다. 10명의 상담코칭계 전문가들의 귀한 보석같은 글이 담긴 "코치와 산책하기" 신간과 함께 개인과 조직의 건강하고 견고한 마음건축을 위해 힘차게 도약하고자 합니다.

편집주간 김상만 상담코칭학 박사
(인덕대학교 교수)

코치와 산책하기

초판 1쇄	2024년 6월 30일
지은이	김강산, 김기홍, 김상만, 오지연, 윤상철, 이미경, 이승한, 정호연, 차운정, 최은주
펴낸이	김대석
편집주간	김상만
펴낸곳	(주)상상아이앤씨
출판등록	2020-000006
주소	서울시 강남구 청담동 37-2 A동 B101호
전화	02.6397.0153
이메일	sangsang1210@naver.com
ISBN	979-11-969930-4-7

* 이 책은 저작권법에 따라 보호받는 저작물이므로 무단 전재와 무단 복제를 금지하며, 이 책 내용의 전부 또는 일부를 이용하려면 반드시 저작권자와 상상의 서면 동의를 받아야 합니다.